Wellesley Tudor Pole

Der stille Weg

Erfahrungen auf dem Pfad des Herzens

Wellesley Tudor Pole

Der stille Weg

Erfahrungen auf dem Pfad des Herzens

Aquamarin Verlag

Titel der englischen originalausgabe. „The Silent Road“

1. Auflage 2011

Voglherd 1 • D-85567 Grafing
www.aquamarin-verlag.de

Übersetzung aus dem Englischen: Dr. Edith Zorn

Umschlaggestaltung: Annette Wagner
Titelphoto: joexx / photocase.com

Druck: Bercker • Kevelaer

ISBN 978-3-89427-566-2

Inhalt

Vorwort

Die Wahrheit und den Wert der ungewöhnlichen Erlebnisse, die im vorliegenden Buch berichtet werden, anzuerkennen, bleibt dem Leser überlassen.

Zur Erkenntnis der Wirklichkeit kann man nur in seinem eigenen Inneren gelangen. Aus diesem Grund liegt mir nicht daran, diejenigen, die meine Darlegungen als unglaublich oder als ein Produkt blühender Fantasie betrachten, überzeugen zu wollen. Andererseits sollte man sich hin und wieder daran erinnern, dass in nahezu allen Forschungsbereichen die sogenannten Fantasien von gestern Tatsachen von heute werden. Der geistige Horizont ist nicht starr. Er dehnt sich unaufhörlich aus. Daher schlage ich vor, meine Ausführungen völlig unvoreingenommen zu lesen. Die Wahrheitssuche stellt ein persönliches und einsames Abenteuer dar. Es bleibt nur der Gedankenaustausch, in der Hoffnung, dass uns das Licht des Verstehens der Wirklichkeit ein wenig näher bringt. Durch Schweigen, nicht durch Reden wird uns schließlich die Offenbarung zuteil werden.

London, S.W.I. (1960)
W.T.P.

Teil 1

Kapitel I

Vorübergehende

Das Erdendasein des Menschen währt nicht lange. Im Hinblick auf die Geschichte mag man sagen, dass wir heute hier und morgen wieder fort sind.

Wir betreten diese Welt.

Wir bleiben eine Weile hier.

Dann gehen wir.

Woher kamen wir? Weshalb sind wir hier? Was geschieht als Nächstes?

Jene, die glauben, dass die Existenz des Menschen als bewusstes Wesen mit der Geburt beginnt und mit dem „Tode“ endet, erachten diese Fragen als bedeutungslos. Für alle anderen sind sie zweifellos äußerst wichtig, da sie weder umgangen noch einfach beiseite geschoben werden können. In den jüdischen und christlichen Schriften wird immer wieder hervorgehoben, dass sich der Mensch bereits jetzt auf ein Weiterleben jenseits des Grabes vorbereiten soll. Diese Lehre befasst sich nicht mit der Vergangenheit oder dem Glauben an eine Präexistenz der Seele.

Kraft der Autorität seines Begründers versichert der christliche Glaube, dass Gott dem Menschen ewiges Leben geschenkt hat. Der Begriff „ewig“ kann nur bedeuten, „ohne Anfang und ohne Ende“. Wenn dies zutrifft, kann man wohl unmöglich annehmen, dass der Mensch erst mit Eintritt in diese Welt zu leben beginnt und sich seine „Ewigkeit“ allein auf die Zukunft und nicht ebenso auf die Vergangenheit bezieht.

Obwohl der Materialist das Gegenteil behauptet, bin ich davon überzeugt, dass die wenigsten Menschen innerlich glauben, ihr Leben sei auf die Zeitspanne zwischen ihrem Eintritt in die irdische

Welt und dem Augenblick, in dem sie diese wieder verlassen, beschränkt.

Die meisten von uns wehren sich instinktiv gegen den Gedanken, der Vernichtung preisgegeben zu sein, sobald die äußere Form zerfällt und stirbt.

Gewissen Hinweisen im Neuen Testament zufolge, vertraten Jesus und seine Anhänger die Ansicht, dass der Mensch als eine lebendige Seele seinen Weg nicht erst mit Eintritt in diese Welt beginnt, eine Glaubensüberzeugung, die in der offiziellen Kirchenlehre fehlt. Andererseits ist die Fortsetzung des Lebens nach dem Tode ein grundlegendes Postulat, ohne das die christliche Lehre kaum oder gar keinen Sinn hätte.

Daher mag es überraschen, dass die Heilige Schrift keine eindeutigen Hinweise in Bezug auf die Gegebenheiten und Umstände bietet, die uns nach Beendigung des gegenwärtigen Lebens erwarten. Dies liegt zweifellos daran, dass es sich bei der Offenbarung um einen fortschreitenden Prozess handelt und die Erkenntnis der ewigen Wahrheiten das menschliche Bewusstsein stufenweise erfasst, bedingt durch den jeweiligen Grad geistiger Wahrnehmung, die sich individuell entfaltet. Obgleich die Lehre einer Reinkarnation oder Aufeinanderfolge mehrerer Leben von den Vätern des christlichen Glaubensbekenntnisses niemals anerkannt wurde, bildet sie die Grundlage der wesentlichen Religionen des Ostens. Bestimmte Ereignisse, die auf den folgenden Seiten geschildert werden, lassen erkennen, dass es durchaus sinnvoll wäre, sich eingehender mit diesem Glauben zu befassen. Manche betrachten unsere begrenzte Kenntnis im Hinblick auf diese Dinge als eine Art göttliche Fügung. Namhafte Theologen haben mich darauf hingewiesen, dass es sich bei dem Versuch, den Schleier zwischen dem irdischen Dasein und einem Leben auf anderen Bewusstseinsebenen zu durchdringen, um ein sündiges Unterfangen handelt. Man könnte fast annehmen, dass man angesichts einer solch bedeutungsvollen Thematik von uns erwartet, sich mit den vagen Allgemeingültigkeiten zufriedenzugeben, die uns die christlichen Schriften über den Himmel und das Leben nach dem Tode liefern.

Es verblüfft mich immer wieder, wie wenig sich die Menschen für den Sinn ihres irdischen oder zukünftigen Lebens interessieren. Ich kann mich an keinen Augenblick erinnern, in dem ich nicht den Wunsch verspürte zu wissen, wo und wie mein Leben verlief, bevor ich diese Erde betrat, und es mich verlangte, möglichst zuverlässige Einzelheiten über die Beschaffenheit eines Lebens nach dem Tode meiner physischen Hülle zu erhalten.

Lässt sich die Aufforderung: „Suchet, und ihr werdet finden", nicht auch auf die Regionen jenseits unseres gegenwärtigen Daseins anwenden?

Einer frühen koptischen Schrift zufolge, die vor einiger Zeit in Nag Hammadi, in Ägypten, gefunden wurde, mahnte Jesus seine Anhänger, das irdische Leben aus Sicht eines Durchreisenden zu betrachten. (Und Jesus sprach: „Lernet, Vorübergehende zu werden.") Mit diesen Worten wird zum Ausdruck gebracht, dass wir in unserem irdischen Dasein einen zeitlich begrenzten Reiseabschnitt sehen sollen, der eine vorangegangene Existenz und ein zukünftiges Leben miteinander verknüpft. Eine derartige geistige Einstellung kann ein erster Schritt zur Erweiterung unseres Wahrnehmungsvermögens und eine Vertiefung unseres Verständnisses sein.

Ich hoffe, meine persönlichen Erfahrungen auf diesem Gebiet mögen jenen, die suchen, aber noch nicht gefunden haben, als Hilfe dienen.

Kapitel II

Drei mystische Erlebnisse

Die folgenden Begebenheiten wurden einer großen Anzahl ähnlicher „Einblicke" in die uns umgebenden unsichtbaren Welten entnommen, Einblicke, die mir im Laufe vieler Jahre unerwartet zuteil wurden. Isoliert gesehen, könnte man sie als Zufälle oder Fantasiegebilde betrachten. Angesichts ihres häufigen und breitgefächerten Auftretens halte ich eine solche Erklärung aber für unzulänglich. Hinzu kommt die Tatsache, dass sie sich ohne Anwendung künstlicher oder automatischer Methoden einstellten. Meine Meinung bezüglich Medien in Trance, automatischem Schreiben und der Besitzergreifung von Geist und Körper einer Person durch ein entkörpertes Wesen habe ich bereits an anderer Stelle geäußert. Solche Methoden habe ich niemals als wünschenswert oder geeignet erachtet, die Probleme unseres irdischen Daseins oder die Gegebenheiten unseres Dahinscheidens wirklich zu erhellen.

Selbst wenn der Leser eine derartig stark verallgemeinerte Aussage ablehnen mag, sollte er bedenken, dass die natürliche Wahrnehmungsfähigkeit, die auf Disziplin und Übung beruht, sich als weniger gefährlich und trügerisch erweist und mehr Entfaltungsmöglichkeiten birgt als Methoden, bei denen ein Geist den anderen beherrscht.

Jede der drei angesprochenen Begebenheiten gehört ihrer eigenen Kategorie an.

Die erste handelt von der „Rückkehr" einer Dame, die einige Jahre vor den besagten Ereignissen gestorben war. Das starke Band der Liebe, das sie an ihren Mann und ihren Sohn fesselte, zog sie zur Erde zurück.

Im zweiten Fall handelt es sich um einen Mann, der sich, abgesehen von seinem physischen Körper, über eine Entfernung von mehr als zweitausend Kilometern fortzubewegen vermochte, um einem Heilungsauftrag nachzukommen.

Die dritte Begebenheit bezieht sich auf einen Menschen, der vor etwa fünfhundert Jahren auf der Erde lebte und wohl immer noch mit unserer Bewusstseinsebene in Verbindung steht.

Die Liebe siegt über den Tod

Im Jahr 1912 verbrachte ich meine Ferien an der Südküste von Devon. An einem Sonntagmorgen wanderte ich zu einem einige Kilometer von meinem Hotel entfernt gelegenen Dorf, um an der Frühmesse teilzunehmen. Ich hatte die Kirche noch niemals besucht und kannte weder den Pfarrer noch die Gemeinde. Der Geistliche war alt und gebrechlich. Außer mir nahmen etwa ein Dutzend Gläubige zu Füßen des Altares am Abendmahl teil. Als der Pfarrer mir den Kelch reichte, beugte er sich zu meinem großen Erstaunen zu mir herab und bat mich, ihn im Anschluss an den Gottesdienst in der Sakristei aufzusuchen. Ich fand den alten Mann in einem recht erregten Zustand vor. Ohne sein seltsames Verhalten zu erklären, begann er, mir von seinen Sorgen über den einzigen Sohn zu berichten. Der Neunzehnjährige hatte nach dem Tode seiner Mutter vor einigen Jahren zu trinken begonnen und sich anderen schlechten Angewohnheiten hingegeben, was im Dorf und in der näheren Umgebung auf großes Ärgernis gestoßen war. Bestürzt fragte ich ihn, in welcher Weise ich, ein völlig Fremder, behilflich sein könne. Der erregte Pfarrer bat mich, mit ihm und seinem Sohn im Pfarrhaus zu frühstücken. Eher verwirrt als beunruhigt nahm ich die Einladung an. Vielleicht spendete meine Anwesenheit dem sichtlich bedrückten und unglücklichen Mann Trost.

Als wir die Eingangshalle betraten, zeigte er mir eine an der Wand hängende vergrößerte Farbfotografie seiner Frau, die er offensichtlich immer noch tief liebte. Kurz nachdem wir am Frühstückstisch Platz genommen hatten, kehrte der Sohn von seinem Morgenritt zurück. Es war nicht zu übersehen, dass dieser große und hübsche Bursche bereits unter Alkoholeinwirkung stand. Während der Mahlzeit schwieg er, erhob sich dann jäh und verließ den Raum. Der Vater berichtete von den traurigen Ereignissen, die dem Tode seiner Frau gefolgt waren, und bat mich, mit seinem Jungen zu reden, bevor ich wieder fortging.

Als ich die Stube des Jungen betrat, saß er finster und schweigsam, die Whiskyflasche neben sich, an seinem Schreibtisch. Eine Unterhaltung schien unmöglich zu sein. Plötzlich betrat seine Mutter, deren Bild ich in der Eingangshalle gesehen hatte, das Zimmer. Sie ging zu ihrem Sohn, legte ihre Hand auf seine Schulter und wandte sich mit der eindeutigen Bitte an mich: „Bitte helfen Sie meinem geliebten Jungen in seiner schrecklichen, ihm bevorstehenden Not.“ Dies gab mir die Gelegenheit, auf die ich gewartet hatte: „Noel, weißt du, dass deine Mutter im Zimmer ist?“, fragte ich den Jungen. Die Reaktion erfolgte augenblicklich. Er wurde kreidebleich und warf die Whiskyflasche durch das Fenster. Dann vergrub er sein Gesicht in den Händen und weinte bitterlich. Da er unfähig war zu sprechen, schrieb ich auf eine Visitenkarte: „Ich wohne im ... Hotel. Lasse mich wissen, wenn du mich benötigst. Ich werde kommen.“

Ich verabschiedete mich von seinem Vater, den ich nicht mehr lebend wiedersehen sollte, und machte mich auf den Weg. Am nächsten Morgen beim Frühstück stritten Vater und Sohn heftig (was letzterer mir später berichtete). Der Sohn eilte aus dem Haus, sprang auf sein Pferd und ritt wütend davon. Der alte Mann muss sich wohl in sein Arbeitszimmer zurückgezogen und im Laufe des Vormittags einem Schlaganfall erlegen sein. Niemand bemerkte es. Als der Junge zum Mittagessen nach Hause kam, stolperte er über den Körper seines Vaters, der dicht neben der Arbeitszimmertür lag. Offenbar hatte der alte Mann versucht, die Glocke zu erreichen. In einem Anfall von Gewissensbissen ging der Junge in sein Zimmer und nahm die Jagdflinte von der Wand, um sich zu erschießen, was er mir später erzählte. Während er das Gewehr lud, fiel sein Blick auf meine Karte, die noch auf seinem Schreibtisch lag. Er warf die Flinte weg, rannte zu den Ställen, sprang auf sein Pferd und ritt, um mich zu holen. Ich begleitete ihn zurück zum Pfarrhaus und blieb dort bis nach dem Begräbnis. (Noel wurde mein Mündel. Er riss sich zusammen, trat in die Armee ein und fiel 1916 in Frankreich, als er einen Verwundeten aus dem Niemandsland holte.)

Während der Begräbnisfeier kam die Mutter erneut. Sie erklärte, sie sei „zurückgekommen", um ihrem Mann zu helfen, das Tal der Dunkelheit zu durchqueren, nachdem sie erkannt hatte, dass sein irdisches Ende nahte. Es sei ihr gelungen, auf ihren Mann stark genug einzuwirken, an jenem Vormittag den einzigen Gottesdienstteilnehmer anzusprechen, von dem sie glaubte, dass er in der Lage sei, eine zweifache Tragödie abzuwenden. Ihre tiefe Dankbarkeit beschämte mich, da ich der Einladung des Pfarrers nur zögernd gefolgt war.

Unter bestimmten Umständen ist das Band der Liebe wohl stärker als der Tod.

Ein Heilungsauftrag

Die nächste Begebenheit ist völlig anderer Art. 1919 lebte ich in einem Hausboot auf dem Nil. Abgesehen von meiner berberischen Dienerschaft befand sich niemand an Bord. Eines Tages befiel mich ein bösartiges Fieber. Es schwächte mich in einem Maße, dass ich nicht in der Lage war, meinen Dienern verständlich zu machen, dass einer von ihnen stromabwärts nach Kairo fahren und einen Arzt holen sollte.

Ich hatte bereits sieben Tage in diesem Zustand auf meiner Koje gelegen, als ich es deutlich an meiner Kajütentür klopfen hörte. Der eintretende Mann, offenbar ein Engländer, schien dem höheren Berufsstand anzugehören. Ich erinnere mich verschwommen, dass ich mich über seine für unser hochsommerliches Klima ungeeignete Kleidung wunderte. Er trug einen Gehrock und warme gestreifte

Hosen. In der einen Hand hielt er einen Zylinder, in der anderen einen Stock und eine kleine schwarze Tasche.

Er begrüßte mich freundlich und setzte sich auf den Rand meiner Koje. Sein Gewicht war deutlich auf meinem Bett zu spüren. Ich nahm an, dass es sich um einen Arzt handelte, der mir von der Regierung geschickt worden war und bedankte mich für sein Kommen, fügte aber hinzu, dass es wohl zu spät sei. Ohne meiner Bemerkung Beachtung zu schenken, untersuchte er mich gründlich und riet mir anschließend, einen meiner Diener nach Kairo zu schicken, um eine bestimmte Kräutermischung zu holen, die er genau beschrieb. Sie sollte mit heißem Wasser aufgegossen und dreimal täglich eingenommen werden. Außerdem sollte ich reinen Zitronensaft trinken und keine feste Nahrung zu mir nehmen.

Es bleibt zu erwähnen, dass dieser Besucher beim Eintritt in meine Kabine seinen Hut und seinen Stock auf ein Tischchen gelegt hatte, hinter dem ein Spiegel stand. Im Laufe unserer Unterhaltung fiel mein Blick zufällig auf diesen Hut. Zu meiner Überraschung konnte ich durch ihn hindurch den Spiegel sehen. Erst in diesem Moment dämmerte mir, dass mein Besucher nicht physisch anwesend war. Ich fragte ihn, wer er sei und woher er komme. Er entgegnete, dass er ein praktischer Arzt aus Britannien sei. Seit einiger Zeit pflege er jeden Abend die Tür seines Sprechzimmers für eine Stunde zu verschließen, seinen Geist zur Ruhe zu bringen und im Gebet zu bitten, dorthin geschickt zu werden, wo man ihn benötigte. An seine Erfahrungen, fügte er hinzu, könne er sich später nicht mehr erinnern. Andererseits wisse er immer, ob er erfolgreich gewesen sei oder nicht. Nachdem er mir versichert hatte, dass ich bald wieder gesunden werde (was auch eintraf), wünschte er mir alles Gute und ging fort.

Immer noch unsicher, ob mein Besucher nicht doch physisch zugegegen gewesen war, klingelte ich meinem Diener und fragte, ob er den Doktor wohlbehalten an Land gebracht habe. Überrascht erklärte er, dass während des ganzen Tages niemand an Bord gekommen sei. Ich schickte meinen Koch nach Kairo. Er fand den Kräuterladen und das verordnete Heilmittel.

Ob meine Genesung aufgrund der Anordnungen oder der heilenden Gegenwart des Arztes erfolgte, fand ich nicht heraus. Sein Eingreifen hat zweifellos mein Leben gerettet.

Als ich im darauffolgenden Jahr nach London zurückkehrte, bemühte ich mich, meinen Besucher ausfindig zu machen, aber ohne Erfolg. Bei der BBC erreichte ich, unter dem Thema: „Mein seltsamstes Erlebnis" von diesem Vorfall zu berichten. Es wurde in einem der Heimatprogramme gesendet.

Einige Wochen später erhielt ich von einem Arzt aus Schottland, der inzwischen längst verstorben ist, einen vertraulichen Brief. Er schrieb, dass er in besonderen Fällen seinen physischen Körper zu verlassen und dorthin zu reisen pflege, „wohin man ihn schickte", er sich aber nicht daran erinnere, auf diese Weise jemals in Ägypten gewesen zu sein. In Belfast lebe ein anderer Arzt, der ebenso verfahre und mit dem er sich häufig berate. Er bat mich, seine Enthüllungen vertraulich zu behandeln, um nicht aus dem ärztlichen Register gestrichen zu werden. Bei meinem nächsten Besuch in Schottland traf ich ihn leider nicht an. Sein Sohn, der ebenfalls Arzt war, antwortete mir auf meinen Brief, dass der Vater während einer Erholungsreise auf See verstorben sei. Es stellte sich heraus, dass der Sohn nichts von den übersinnlichen Erlebnissen seines Vaters wusste. Leider musste ich die Angelegenheit somit fallen lassen.

Der Mönch von Tintern-Abbey

Die folgende Begebenheit halte ich für die fesselndste der drei Episoden.

Im Juni 1925 weilte ich mit einem Freund in Tintern, in Süd-Wales. Unser besonderes Interesse galt den Klosterruinen. Wir verbrachten viel Zeit damit, sie und die Umgebung zu erkunden. Als wir eines Abends im Inneren der Abtei auf einem alten Stein saßen, bemerkte ich die Anwesenheit eines Mönches, eines ehrwürdigen, liebenswürdigen Mannes, dem sehr daran zu liegen schien, sich uns mitzuteilen. Er nannte sich Bruder Brighill. Mein Freund sah ihn nicht, betätigte sich aber als Sekretär, indem er die Unterhaltung rasch zu Papier brachte.

Vielleicht hätte ich schon früher darauf hinweisen sollen, dass ich bei solchen Erlebnissen stets bei vollem Bewusstsein bin. Sie stellten und stellen sich immer spontan, überraschend und ganz natürlich ein. Es handelt sich niemals um anormale Zustände oder eine Trance.

Vor kurzem, nach dem Tode meines Freundes, fiel mir sein Notizbuch, das Einzelheiten über jenes seltsame Erlebnis enthält, in die Hände, was die Erinnerung an die damalige Episode in mir wachrief. Ich werde Auszüge aus diesem Büchlein wiedergeben, da es zu jener Zeit geschrieben wurde und somit zuverlässiger ist als mein Gedächtnis, was besonders im Hinblick auf die inzwischen verflossene Zeit gelten mag.

Bruder Brighills Geschichte

(Auszüge aus dem erwähnten Tagebuch) 10. Juni 1925

„Ende des fünfzehnten oder zu Beginn des sechzehnten Jahrhunderts lebte in Tintern Bruder Dominik, ein großer Eingeweihter und Gelehrter aus fürstlichem Hause, von königlich französischem und englischem Geblüt. An beiden Höfen war er ein häufig gesehener Gast. Nachdem er unglücklicherweise aus Versehen einen Menschen getötet hatte, zog er sich von der Welt zurück und erhielt vom Bischof von Reading die Absolution. Er betätigte sich als Gelehrter, Sprachforscher, Kalligraph sowie Illustrator von Messbüchern. Zunächst trat er als Laienbruder in Tintern ein. Später wurde er Bruder, Bibliothekar und Bewahrer von Urkunden. Von überall her strömten die Menschen zu ihm, um alte Dokumente entziffern zu lassen. Auch ich brachte von Glastonbury nach Tintern Dokumente zur Durchsicht und holte mir Rat. Hinter dem Namen „Bruder Dominik“ verbarg sich eine bekannte historische Persönlichkeit.

Der Wasserlauf (der den Hügel hinunterfließt) wurde einst der

Brig genannt. Später hieß er Fischbach, weil es einem Lachs seltsamerweise gelungen war, den Strom bis zum Gipfel des Hügels hinaufzuspringen, bis er von den Mönchen dort im Teich gefangen wurde. Als man den Fisch öffnete, fand man in seinem Inneren einen winzigen Goldreif. Aufgrund der engen Beziehung der Abtei zu dem Fischsymbol maß man diesem Ereignis eine besondere mystische Bedeutung bei. Hügel und Fluss wurden als „Hügel und Fluss des Fisches“ bekannt. Früher besaß der Strom Heilkraft und Radioaktivität. Jetzt scheint er diese Eigenschaften nicht mehr zu bergen. Er ist kleiner geworden, und der Wasserspiegel ist gesunken.“

Bei einer späteren Unterhaltung gab uns Bruder Brighill folgenden Einblick:

11. Juni 1925

„In den Bergen von Zentral-Südamerika lebt ein Stamm von sehr kleinen Menschen, die hellseherische und andere außergewöhnliche Fähigkeiten besitzen. Ursprünglich stammen sie aus Ägypten und den südlich gelegenen Gegenden und durchquerten Atlantis. Heute sind diese Menschen blond, fast flachsfarben, mit gebräunter Haut. Es sind gute, unmittelbar von Gott inspirierte Menschen. Zivilisiert in eurem Sinne sind sie nicht. Die dunkelhäutigen Menschen in ihrer Umgebung betrachten sie als Götter. Reisende halten sie von sich fern, da sie glauben, ihr Glück und ihren Schutz zu verlieren, wenn sie ihrerseits ihre „Götter“ nicht beschützen. Die Berggipfel sind schneebedeckt und die Täler warm. Der schwarze Mann glaubt, dass diese Wesen wertvolle Schätze hüten. Solltet ihr jemals Südamerika besuchen, werdet ihr von der Suche nach diesem weißen Volksstamm hören. Wenn in der Neuen Welt ein neues Geschlecht entsteht, wird es von ihnen inspiriert. Ich habe sie einmal besucht. Sie nahmen für mich Körpergestalt an. Sie gehören zu den Zentren der Erleuchtung, die dazu beigetragen haben, das Licht in der Welt zu bewahren. Sie pflanzen sich nicht physisch fort. Ihre geringe Anzahl kommt und geht, ohne der Inkarnation zu bedürfen.“

12. Juni 1925

„Wie ich höre, herrscht zurzeit große Aufregung über bedeutende wissenschaftliche Entdeckungen in Deutschland und in den Vereinigten Staaten von Amerika. In England gibt es jemanden, der fast auf dem gleichen Wissensstand steht wie die deutsche Gruppe. In Deutschland handelt es sich um eine chemische Entdeckung und in Amerika um eine Erfindung auf dem Gebiet der Elektrizität. Die Wissenschaftler werden zurückgehalten, da die Zeit noch nicht reif ist. Einer der Lehrer des weißen Volksstammes sollte an diesen Entdeckungen arbeiten und „den Samen ausstreuen". Ich sehe keine Sintflut herannahen. Kürzlich wurde ein Erdbeben abgewendet, aber keine Überschwemmungen. Ihr habt die Symbole fehlinterpretiert. Jene weißen Menschen verwenden das Symbol des Fisches und des Kelches."

Bei einer anderen Gelegenheit gab Bruder Brighill folgende Beschwörungsformel zur Abwehr böser Mächte:

„Im Namen des Weißen Kreuzes und des Pentagramms der Roten Rose befehle ich euch, zu weichen und von der Dunkelheit in Licht verwandelt zu werden. Im Namen Gottes, Seines Sohnes Christus und aller heiligen Seelen. Amen"

Am nächsten Tag suchte uns Bruder Brighill erneut auf.

13. Juni 1925

„Zu meiner Zeit, hundertsechzehn Jahre vor Erbauung des jetzigen Gebäudes, gab es (in Tintern) fünf Kapellen. Die heilige Mutter, St. Peter und St. Georg befanden sich rechts vom Hochaltar im Querschiff, St. Thomas und St. Lukas, der Heiler, im Westflügel des Kirchenschiffes. Der Altar in der Privatkapelle des Abtes war den vier Erzengeln geweiht. Später, sehr lange nach meiner Zeit, kurz vor der Reformation, weihte man die Kapellen anderen Heiligen. Außer ihnen und der heiligen Mutter wurden weitere Heilige in der Abtei verehrt. Der Glockenturm mit seinen wunderbaren Glocken bildete nicht das Zentrum der Abteigebäude. Der Altar im Wohnbereich der

Novizen war heiligen Seelen geweiht und diente als Ort der Inspiration. Es gab eine kleine Kanzel dort. Zu meiner Zeit wuchs in einem kleinen, nahe den Unterkünften gelegenen Garten ein mächtiger Eichenbaum. Es ist schon so lange her, dass ich die Einzelheiten nicht genau wiederzugeben vermag, aber ich bemühe mich. Damals gab es hier noch kein Dorf, nur einige kleinere Bauernhöfe am Fuße der Berge. An der Stelle, an der Wye und Severn zusammenfließen (bei Cheptow), standen Häuser und ein Schloss."

Bruder Brighill berichtete, dass man einen jungen Mann, der einen Brotlaib gestohlen hatte und zum Tode verurteilt worden war, zunächst an den Pranger stellte. Als der Abt ihn dort sah, bat er den Schlossherrn, dem Angeklagten zu verzeihen, was auch geschah. Man schickte ihn in die Abtei, in der er Laienbruder wurde. Später erhielt er aufgrund seiner Redegewandtheit die Erlaubnis, Wanderprediger zu werden. Hin und wieder suchte er die Abtei auf, in der er, nachdem er in hohem Alter verstarb, begraben liegt. Neben seiner Wortgewandtheit in geistigen Dingen besaß Bruder John hellseherische und bisweilen sogar prophetische Fähigkeiten. Bei einer Gelegenheit wanderte er bis Reading und London und besuchte häufig den Marktplatz von Gloucester und die Kirchen. Bruder Brighill glaubt, den Ort, an dem er begraben liegt, zeigen zu können. Welche Auswirkungen doch eine Tat der Barmherzigkeit haben kann! Bruder John hatte niemals schreiben und lesen gelernt. Während eines Gottesdienstes bei den Novizen prophezeite er, dass eine Zeit kommen werde, in der sich der Fluss verkleinere und eine Stadt entstehe. Die Abteikirche werde zerstört werden. Im Lande gäbe es neue Herrscher, und der einfache Mann wäre sein eigener Herr. Die gewohnte Dienerschaft werde es nicht mehr geben, wohl aber viele Sklaven der Maschinen. Dieses und andere Gotteshäuser würden zerstört und die Orden aufgelöst werden. Man werde in fremden Ländern große Schlachten austragen. Schiffe bewegten sich mit Rädern und flögen wie Vögel und Wagen würden auf Schienen laufen. Das Klima werde sich verändern und nur noch wenige Stimmen Gott preisen. Unser heiliger Berg werde in Vergessenheit geraten.

Statt Tausende würden auf den Inseln Myriaden von Menschen leben, die sich nicht mehr aus dem eigenen Garten oder dem Gemeindevorrat versorgen könnten. In zahlreichen heiligen Zentren erschienen dann Zeichen, und wie in Tintern und Avalon werde neues Leben erblühen. Die Erinnerung an die Geburt Jesu Christi, Sein Leben und Sein Wort werde erneut erwachen und den Geist der Menschen von irdischen zu himmlischen Dingen wenden. Ein Licht werde die heiligen Zentren, in denen das Symbol des heiligen Fisches verehrt wird, erhellen. Dieser Tag liege in weiter Ferne. Nicht alle Wunder könne man bereits nennen, aber aus der Dunkelheit werde sich ein Licht erheben und aus dem Schoße Gottes erneut die Strahlen Seines Geistes hervorbrechen.

Im Verlauf weiterer Unterhaltungen erzählte Bruder Brighill, dass diese Predigt viel Aufsehen hervorgerufen habe. Viele der Brüder hielten Bruder John für wahnsinnig und wiesen auf seine Vorgeschichte hin.

Es dauerte lange, bis der Abt, der ihn beschützen ließ, ihm die Erlaubnis erteilte, wieder hinauszugehen und auf dem Land das Wort Gottes zu predigen. Auf dem Grabstein stand kein Name, nur der heilige Fisch und der Buchstabe J wurden eingemeißelt. Als wir nach der Prophezeiung fragten, erklärte Bruder Brighill, dass sie wohl im Tagebuch des Abtes gestanden habe, das, wie er glaube, vernichtet worden sei. Auf dem Deckblatt eines lateinischen Messbuches, das einem Mönch namens Alban gehörte und heute in einem katholischen Pfarrhaus aufbewahrt wird, wurde ein Hinweis auf dieses Tagebuch und die darin enthaltene Prophezeiung gefunden. Als jener Mönch aus Llanthony in Tintern zu Besuch weilte, erfuhr er von der Geschichte. Bruder Brighill schloss unsere Unterhaltung mit der Bemerkung:

„Wenn eine Prophezeiung, die wesentliche geistige Fragen betrifft, gemacht wurde, wird gewöhnlich ein Bericht zum Nutzen späterer Zeitalter durch göttliche Vorsehung bewahrt, was auch in diesem Fall zutreffen mag."

Bruder Brighill gab an, zur Zeit der heiligen Johanna gelebt zu haben und zum Zeitpunkt ihres Todes, im Jahre 1431, mittleren Alters gewesen zu sein. Während wir uns mit diesem munteren Besucher unterhielten, hatten mein Freund und ich auf dem bereits erwähnten Stein innerhalb des Abteiraumes gesessen.

Als wir sorgfältig die Flechten von seiner Oberfläche abkratzten und ihn genau betrachteten, erkannten wir die schwachen Umrisse eines Fisches und den Teil eines Buchstabens, der wohl einmal ein J gewesen war.

Ich möchte eine kurze Bemerkung darüber anschließen, ob die drei Erlebnisse einen Wert besitzen oder nicht. Das Beweismaterial der beiden ersten dürfte sie glaubwürdig erscheinen lassen. Im dritten Fall trifft dies nicht zu. Bisher ist noch kein historisches Zeugnis aufgetaucht, dass die Existenz eines Bruders Brighill in der Abtei Tintern bestätigt. Andererseits trugen im vierzehnten und fünfzehnten Jahrhundert viele Mönche der Abtei Tintern den Namen John. Es mag durchaus sein, dass der Name Brighill umgangssprachlich verwendet wurde und nicht der Taufname des Bruders war. Abgesehen von dieser Tatsache hat jene lebendige Unterhaltung mit einem Geistwesen, das sich selbst Bruder Brighill nannte, einen tiefen Eindruck in mir hinterlassen. Ich halte es für unmöglich, das Ganze als Fantasiegebilde abzutun. Sollte dies der Fall sein, besäße ich eine bemerkenswertere Erfindungsgabe als mir bewusst ist.

Kapitel III

Weitere ungewöhnliche Ereignisse

Rätselhafte Zeitabfolge

Es gestaltet sich schwierig, in verständlichen Worten von Erfahrungen zu berichten, die dem Leser unglaubhaft und unerklärbar zu sein scheinen. Mir bleibt nur, diese Ereignisse genau so wiederzugeben, wie sie sich zugetragen haben.

Etwa acht Jahre nach Beendigung des Zweiten Weltkrieges geriet ein mit mir befreundeter Soldat in große Schwierigkeiten. Durch das Zusammentreffen unglücklicher Umstände wurde er in einen Mordfall verwickelt. Aufgrund des Tatbestandes, und möglicherweise auch juristisch gesehen, schien die Anklage gegen ihn stichhaltig zu sein. Der auf Kaution freigelassene junge Mann suchte mich als langjährigen Freund auf und bat vertraulich um Rat. Er zeigte mir die von seinem Rechtsanwalt verfassten Aufzeichnungen. Darin hieß es, dass es wohl klug wäre, den ungewöhnlichen Weg zu beschreiten und sich für schuldig zu erklären, aber mildernde Umstände zu beantragen und sich der Gnade des Gerichtshofes anheimzustellen. Instinktiv erkannte ich seine Unschuld, weshalb ich ihm nicht raten konnte, sich schuldig zu bekennen, selbst wenn das Gericht es ihm nahelegte. Obwohl er mir zuzustimmen schien, fühlte er sich nicht in der Lage, sich für den einen oder anderen Weg entscheiden zu können. Später allerdings beschloss er, für „nicht schuldig“ zu plädieren.

Die Verhandlung sollte an einem Donnerstag vor einem britischen Gerichtshof eröffnet werden, den ich aufgrund der Tatsache, dass noch einige der Betroffenen leben, nicht nennen möchte. Am Dienstag zuvor musste ich geschäftlich ins Ausland reisen. Ich verließ England mit einem unguten Gefühl. Um die Mittagszeit des folgenden Tages erreichte ich Genua und begab mich unverzüglich ins Hotel. Nach dem Essen zog ich mich in mein Zimmer zurück, um meine Korrespondenz zu erledigen, was meine innere Unruhe nicht zuließ. Ich trat auf den Balkon, schaute auf den Hafen, einen der interessantesten Anblicke in Europa, und ließ mich nieder, um die Aussicht zu genießen. Es war gegen zwei Uhr nachmittags Ortszeit, was zwölf Uhr in London entsprach. Plötzlich befand ich mich in einem englischen Gerichtshof und verfolgte den Prozess in einem Mordfall. Ich sollte anmerken, dass ich nicht schlief, denn ich hörte deutlich die Geräusche des Hafens und die Schreie der Seevögel zu mir heraufdringen. Im Verlauf des Prozesses erkannte ich mit Schrecken, dass es um meinen Freund ging, der in diesem Augenblick etwas für seinen Anwalt notierte. Mich wunderte, dass die für Donnerstag angesetzte Verhandlung bereits am Mittwoch stattfand und schloss daraus, dass sie wohl aus irgendeinem unerwarteten Grund um vierundzwanzig Stunden vorverlegt worden war. Bald zeigte sich, dass es aufgrund der Beweisführung unvermeidlich zu einer Verurteilung kommen musste. Ohne weiter hinzuhören, vergegenwärtigte ich mir mein Umfeld in Genua, das ich wieder voll bewusst wahrnahm. Seltsamerweise hörte ich selbst dann noch Gesprächsfetzen aus dem Gerichtssaal, Kommentare des Richters und den Gedankenaustausch der jeweiligen Anwälte. Da es in meinem Zimmer kein Telefon gab, meldete ich in der Hotelhalle ein Gespräch mit meinem Londoner Büro an. Es war ungefähr vier Uhr dreißig nachmittags oder zwei Uhr dreißig in London. Als die Verbindung mit London zustande kam, bat ich meinen Sekretär herauszufinden, warum besagter Fall um einen Tag vorverlegt worden war. Eine halbe Stunde später rief er zurück und meinte, die Verhandlung habe noch nicht begonnen und werde wie ursprünglich geplant am folgenden Morgen (Donnerstag) um elf Uhr eröffnet werden. Diese Nachricht verblüffte mich. Mein Erlebnis war demnach reine Fantasie gewesen. Einige Stunden später wurde mir plötzlich klar, dass gemessen an dem, was ich dem Verhör entnommen hatte, mein Freund für schuldig erklärt werden würde, wenn er sein Verteidigungskonzept nicht vollständig änderte. Umgehend rief ich einen Kollegen an, von dem ich wusste, dass er sich noch am selben Abend Zutritt zu dem Angeklagten verschaffen konnte. Ich bat ihn, diesem zu raten, das Verteidigungsverfahren vollkommen abzuändern, die Dienste seines Verteidigers abzulehnen, auf die vorbereitete juristische Argumentation zu verzichten und in eigener Sache in den Zeugenstand zu treten. Er solle mit einfachen Worten seine Version der Geschichte vortragen, die zu jener Tragödie und seiner eigenen Rolle darin geführt hatte, und nicht versuchen, damit einen Freispruch zu erwirken. Mein Kollege, der ebenso wenig wie ich Jurist war, aber über umfassende juristische Erfahrung verfügte, widersprach heftig, da er es für Wahnsinn hielt, dass der Angeklagte meinen Rat befolgte. Erst wenn die Verhandlung am nächsten Morgen begonnen hätte, könne man die Argumente und Beweise der Ankläger voraussehen. Ich konnte ihm natürlich nicht sagen, dass ich diese bereits gehört und erkannt hatte und wie sie sich auf den Richter und die Geschworenen auswirken mussten. Schließlich überredete ich meinen Kollegen, meinen Vorschlag an den gefährdeten Mann weiterzuleiten. Er suchte ihn spät in der Nacht auf und rief mich am nächsten Morgen an, um mir mitzuteilen, dass meinem Rat wohl entsprochen werde, obwohl er den Angeklagten vor den Gefahren eines solch unklugen und beispiellosen Vorgehens gewarnt hatte. An jenem Morgen ging ich zeitig zum Frühstück und wünschte, es würden mich nicht mehr als siebenhundert Meilen von dem Schauplatz des Geschehens trennen. Die letzten Worte meines Kollegen klangen mir noch in den Ohren: „Welchen Sinn hat es, über tausend Pfund für einen Rechtsanwalt auszugeben, um dann in der elften Stunde alles umzuwerfen?" An jenem Vormittag fuhr ich nach Rom und versuchte vergebens, mich während der langen staubigen Reise in den Gerichtssaal zu versetzen. Vielleicht wäre es mir gelungen, wenn ich ihn gekannt hätte, aber ich war körperlich niemals dort gewesen. Im Allgemeinen sind Menschen bessere „Verbindungsglieder“ als Orte, was aber nicht immer zutrifft. Nachdem ich Rom am späten Abend erreicht hatte, gelang es mir, mich mit meinem Londoner Sekretär in Verbindung zu setzen, was ihn ärgerlich stimmte, da ich ihn aus dem Schlaf gerissen hatte. Er hatte gehört, dass es nicht gut für meinen Freund stand, wusste aber nicht, welchen Weg die Verteidigung einschlagen würde. Am Freitag nahmen mich die Geschäfte in einem Maße in Anspruch, dass ich keinen ruhigen Augenblick fand. Gegen Abend erfasste mich ein Gefühl des Friedens, und ich wusste, dass alles gut verlaufen war. Später erfuhr ich, dass zum Ärger der klugen Experten mein Rat befolgt wurde. Zur allgemeinen Überraschung wurde an jenem Freitag um vier Uhr fünfzehn Londoner Zeit das Urteil „nicht schuldig“ verkündet. Diese gute Nachricht erreichte mich aufgrund telefonischer Verzögerungen erst am Samstagmittag in Neapel. Im Grunde genommen war sie nur eine Bestätigung, keine Überraschung, denn sie hatte mich ja bereits innerlich erreicht. Als ich eine Woche später nach London zurückkehrte, gelang es mir, einen Blick in die Abschrift der Gerichtsakten zu werfen. Die Kernpunkte dessen, was ich an jenem Mittwoch gesehen und gehört hatte, waren tatsächlich vierundzwanzig Stunden später und in einer Entfernung von siebenhundert Meilen eingetreten. In seltsamer Weise hatte ich durch die Fähigkeit der Vorausschau die „Zeit“ vorweggenommen.

Da die meisten Betroffenen noch leben, halte ich es für angemessen, den Austragungsort und die Personen nicht namentlich zu nennen. Aus demselben Grunde kann ich dem Leser kein erhärtendes Beweismaterial für meine Geschichte liefern. Man mag sie annehmen oder nicht. Andererseits könnte sie einen interessanten Forschungsbereich liefern.

Ein höchst mysteriöser Ortswechsel

Bei dem folgenden Geschehen spielt ebenfalls der Zeitfaktor eine Rolle.

An einem regnerischen, stürmischen Spätnachmittag im Dezember 1952 stand ich an einem ländlichen Bahnhof, etwa anderthalb Meilen von meinem Zuhause in Sussex entfernt. Der Zug nach London hatte sich verspätet, der Bus war bereits abgefahren, und es stand kein Taxi zur Verfügung. Es regnete ohne Unterlass. Die Uhr zeigte fünf Uhr fünfzig. Um sechs Uhr erwartete ich Zuhause einen wichtigen Anruf aus Übersee. Die Situation schien ausweglos. Hinzu kam, dass die öffentliche Telefonzelle außer Betrieb war und das Bahntelefon aufgrund einer Störung der Leitung nicht benutzt werden konnte. Verzweifelt ließ ich mich im Warteraum nieder. Da ich nichts Besseres zu tun hatte, verglich ich die Zeit auf meiner Armbanduhr mit der auf der Bahnhofsuhr. Ich wusste, dass diese immer zwei Minuten vorging. Demnach war es genau fünf Uhr siebenundfünfzig. Noch drei Minuten bis Null! Was dann geschah, kann ich nicht erklären. Als ich wieder zu mir kam, stand ich bei mir zu Hause in der Diele, etwa zwanzig Minuten Fußweg entfernt. Die Uhr schlug sechs. Wenige Minuten später kam mein Telefonanruf. Ich sollte noch hinzufügen, dass ich am Morgen das Haus ohne Mantel und Schirm verließ. Es war ein schöner Morgen gewesen. Der heftige Regen setzte erst am Nachmittag ein. Als ich das Telefongespräch beendet hatte, wurde mir klar, dass etwas Seltsames geschehen sein musste. Zu meiner großen Überraschung stellte ich fest, dass meine Schuhe trocken und sauber und meine Kleidung weder feucht noch beschädigt waren. Beim Abendessen schaute mich meine Haushälterin etwas befremdet an, äußerte aber kein Wort. Auch ich schwieg. Was wäre dazu auch zu sagen gewesen?

Ein erstaunlicher Ring

Als Allenbys Streitkräfte im Jahre 1917 in Haifa einzogen, betrachtete ich es als meine erste Pflicht, den persischen Propheten Abdul Baha Abbas, das Oberhaupt der Bahai-Bewegung, aufzusuchen, der zu jener Zeit an den Hängen des Berges Karmel lebte. Erleichtert stellte ich fest, dass die Maßnahmen, die wir zu seiner Sicherheit und die seiner Anhänger getroffen hatten, erfolgreich gewesen waren. Dieser gütige und fromme Mann, auf den ich an späterer Stelle zurückkommen werde, schenkte mir einen Ring, in den die Namen und Bezeichnungen Gottes in persischer Sprache eingraviert waren. Bevor er ihn mir überreichte, segnete Abdul Baha den Ring in besonderer Weise. Seither trage ich diese Kostbarkeit stets an meinem Finger.

Als ich kurz nach dem Waffenstillstand, im November 1918, auf einem Nilschiff unweit der Gizeh-Pyramiden lebte, erreichte mich eine Nachricht aus der Residenz in Kairo, in der ich aufgefordert wurde, mich am nächsten Nachmittag dort einzufinden, um einen sehr einflussreichen Engländer und seine Frau zu treffen. Ich folgte der Einladung und nutzte die Gelegenheit, das berühmte Paar zum Tee auf mein Segelschiff zu bitten. Die beiden willigten ein, und wir verbrachten einen sehr angenehmen Nachmittag. Gegen Abend schlug ich vor, den Wagen der Residenz, der uns von Kairo nach Gizeh gebracht hatte, zurückzuschicken und meine Gäste nilabwärts bis zur Residenz zu segeln, die etwa eine Meile entfernt auf der gegenüberliegenden Flussseite lag. Zwei meiner Berber-Diener bemannten die Feluke. Als das Ehepaar wohlbehalten an Bord war, übernahm ich das Ruder. Der südliche Abendwind verhalf uns zu rascher Fahrt. Der Nil führte Hochwasser, und es herrschte eine starke Strömung. Ich musste mich auf das Steuer konzentrieren und darauf achten, wie meine Diener das mächtige Segel handhabten. Wir befanden uns mitten auf dem Fluss, etwa eine viertel Meile von unserem Bestimmungsort entfernt, als ein Schuss fiel. Ein ungewöhnlich heftiger Windstoß lenkte in diesem Moment meine

Aufmerksamkeit ab, und die Feluke verlor ihr Gleichgewicht. Ich löste eine Hand vom Steuer, um nach einem Strecktau zu greifen. In diesem Augenblick glitt jener kostbare Ring von meinem Finger und verschwand in den Tiefen des Nils. Für immer verloren... Jetzt erst erkannte ich, dass die Kugel wohl kaum einen halben Meter an meinem Kopf vorbeigesaust war und ein kleines Loch in das Segel gerissen hatte. Offensichtlich hatte man sie aus dem Sumpfland der Roda Insel abgefeuert. Man sah aber niemanden dort. Zu jener Zeit waren die britischen Offiziere in Ägypten recht unbeliebt, und es war früher bereits in den engen Straßen Kairos auf mich geschossen worden. Hätte ich nicht meine Uniform getragen, wäre es wohl nicht geschehen. Meine Gäste, Lord und Lady X, hatten den Zwischenfall glücklicherweise nicht bemerkt. Der Rest der Fahrt verlief reibungslos. Bekümmert segelte ich zu meinem Hausboot zurück.

Nach dem Aufwachen am nächsten Morgen sagte ich mir immer wieder: „Bete mit ganzer Kraft, und alles wird gut werden", was ich in den nächsten drei Monaten eisern einhielt. Ich bemühte mich um die Überzeugung, dass inniges Beten und tiefer Glaube alles möglich machen. Damals befand sich mein Büro im Britischen Hauptquartier im Savoy-Hotel in Kairo. Es lag im obersten Stockwerk auf der Gebäuderückseite. Gegenüber, auf der anderen Straßenseite, stand ein hohes Appartementhaus mit Balkonen. Da in der Stadt noch großer Aufruhr herrschte, hatte man die britischen Offiziere ermahnt, wann immer es die Vorschriften erlaubten, Zivilkleidung zu tragen. An einem Spätnachmittag, etwa zur gleichen Zeit, in der vor drei Monaten mein Ring in den Nil gefallen war, saß ich bei weit geöffnetem Fenster in Hemdsärmeln an meinem Schreibtisch. Plötzlich fiel ein Schuss, der wahrscheinlich von einem der gegenüberliegenden Balkone abgefeuert worden war. Die Kugel verfehlte mich um einige Zentimeter und blieb in der gegenüberliegenden Wand stecken. Im selben Moment fiel plötzlich mein verlorener Ring auf den Tintenlöscher, der auf dem Schreibtisch stand. Er war völlig unversehrt, und ich besitze ihn heute noch.

Denjenigen, die an die Materialisation und Dematerialisation von Gegenständen glauben und überzeugt sind, dass sie durch die Luft transportiert werden können, wird ein bemerkenswertes Zusammenspiel auffallen. Zeit und Umstände beim Verlust des Ringes und seinem Wiederauftauchen erwiesen sich als nahezu dieselben. Die Tagesstunde, das Wetter und der Schuss wiederholten sich, mit dem Unterschied, dass der Ring auf dem Wasser und im Freien verlorenging, seine Rückkehr hingegen an Land und in einem Zimmer stattfand. Gewiss gibt es „mehr Dinge zwischen Himmel und Erde", als der Mensch in seinem gegenwärtigen Zustand geistiger und mentaler Unreife zu erfassen vermag.

Folgen eines Selbstmordes

Die folgende Begebenheit ist nur eine von mehreren dieser Art, die ich erlebt habe, und sie mag es wert sein, wiedergegeben zu werden.

Vor vielen Jahren lebte ich in Hampstead. Eines Tages besuchte mich die Frau eines Geschäftsfreundes. Ihr Mann wurde seit zwei Tagen vermisst, und sie befürchtete, dass er sein Gedächtnis verloren hatte. Da ich instinktiv erkannte, dass es sich um eine ernstere Angelegenheit handelte, als es den Anschein hatte, bot ich ihr meine Hilfe bei der Suche an. Sie erzählte mir, dass er sich guter Gesundheit erfreue und ihres Wissens keine geschäftlichen Sorgen habe. Ich bemühte mich, sie zu beruhigen, und versprach, die Polizei einzuschalten. Dann begleitete ich sie nach Hause.

Am Abend desselben Tages suchte ich sie nochmals auf, um mich zu erkundigen, ob sie Näheres erfahren hatte. Als ich mich dem Haus näherte, bemerkte ich eine Gestalt, die versuchte, das Gartentor zu öffnen. Bei genauerem Hinsehen erkannte ich den vermissten Mann. Völlig durchnässt und heftig zitternd drehte er sich nach mir um und klagte: „Mir ist so kalt, und ich habe Angst. Ich sehne mich nach Trockenheit und einem warmen Bett, aber ich scheine dieses Tor nicht öffnen zu können." Erst als ich es ihm geöffnet hatte und ihn zur Haustüre gehen sah, begriff ich, was geschehen war. Mein Freund war ertrunken, sich dessen aber wohl nicht bewusst. In diesem Moment sah ich keine Möglichkeit einzugreifen, zumal es keinen offiziellen Beweis für meine Sinneswahrnehmung gab. Ich ging nach Hause und betete für ihn und seine unglückliche Frau. Später rief ich sie an, um den Schlag zu mildern, falls sie die Wahrheit erfahren hatte. Sie wusste von nichts, meinte aber, sie fühle, dass etwas Schreckliches passiert sein müsse und fragte, ob ich mich nochmals an die Polizei wenden wolle. Dort deutete ich an, dass der vermisste Mann vielleicht ertrunken sei und schlug vor, in der Themse und in der Nähe Londons nach ihm zu suchen. Es schien vorerst zwecklos zu sein, meine Vermutungen mit der Frau oder einer anderen Person zu teilen. Ich konnte mich getäuscht haben.

Am nächsten Tag zog man die Leiche meines Freundes aus der Themse. Das offizielle Gutachten sprach von Selbstmord, mit dem Zusatz, dass es keinen Beweis für den Gemütszustand zum Zeitpunkt der Tat gab. Seine geschäftlichen Angelegenheiten waren in Ordnung, und er hatte sich stets eines glücklichen Familienlebens erfreut. Bis heute gibt es keine Erklärung für diese Tat. Nach der Einäscherung begleitete ich die Witwe nach Hause und bemühte mich, ihre Trauer zu lindern.

Als ich zwei Tage später an seinem Haus vorbeikam, begegnete ich meinem Freund erneut. Wieder stand er draußen auf der Straße und versuchte hineinzugelangen. Es schien ihm immer noch nicht bewusst zu sein, dass er „tot" war, denn er beklagte sich, dass er sich heiß fühle und fürchte, Fieber zu haben. Ich versuchte, ihm seine Lage zu verdeutlichen und ihm Gesellschaft zu leisten, bis er zu begreifen begann. Diese schwierige Aufgabe wurde schließlich mit Hilfe seines eigenen Bruders bewältigt, der einige Jahre zuvor gestorben war und dem es gelang, ihn liebevoll aus seiner unseligen Lage zu befreien.

Diese Begebenheit habe ich genauso wiedergegeben, wie sie sich ereignet hat. Ich sah und sehe keine Veranlassung, der Witwe oder anderen Betroffenen Einzelheiten zu erzählen. In derartigen Angelegenheiten Namen zu nennen, führt nur zu unnötigem Leid. Aus diesem Grunde bin ich bedacht, die Anonymität der Beteiligten zu wahren.

In Fällen eines unerwarteten oder frühzeitigen Todes, insbesondere bei Selbstmord, sollte eine gewünschte Einäscherung frühestens sieben Tage nach dem „Tode" stattfinden, um eine vollkommene Loslösung vom physischen Körper zu gewährleisten.

Da unser Wissen über die Gegebenheiten anderer Welten in zunehmendem Maße wächst und weitere Kreise erfasst, bin ich überzeugt, dass die Selbstmordrate bald sinken wird. Ein Mensch, der seinen eigenen Körper zerstört, muss davon ausgehen, erdverhaftet zu bleiben, zumindest so lange, bis seine natürliche Lebensspanne auf der Erde abgeschlossen ist. Unterdessen wird sich seine Existenz im Schattenreich „zwischen Himmel und Erde" als höchst schwierig und wenig fruchtbringend erweisen.

Es bleibt zu hoffen, dass Berichte über derartige Vorfälle dazu beitragen, Menschen, die versucht sind, ihr Erdendasein frühzeitig zu beenden, von einem solchen Schritt abgehalten werden.

Nichts scheint darauf hinzuweisen, dass die Einäscherung nach einem natürlichen Ableben negative Folgen mit sich bringt. Ich selbst habe veranlasst, dass mein Körper verbrannt wird, wenn ich seine Dienste nicht mehr benötige.

Die wenigsten Menschen sind sich des schwerwiegenden Unrechts bewusst, das die Todesstrafe der ganzen Gesellschaft zufügt. Wird ein Mörder gehenkt oder auf dem elektrischen Stuhl hingerichtet, lebt der reuelose Geist, unsichtbar für den irdischen Blick, in seiner Körperhülle weiter. Sein anhaltendes und unbefriedigtes Verlangen wird ihn wahrscheinlich lange Zeit an die Erde binden. Mordet ein Mensch im Affekt, behauptet er oft, er habe sich dazu getrieben gefühlt und automatisch gehandelt.

Es mag durchaus sein, dass der Impuls zu töten in vielen Fällen auf das drängende, aber unsichtbare Betreiben eines früheren, bereits „toten" Mörders zurückzuführen ist. Wenn ein von bösen

Trieben Besessener seinen physischen Körper zerstört, führt dies zu nichts, im Gegenteil, es zieht weitere Übel nach sich.

Im Hinblick auf diese Tatsache mag die Todesstrafe durchaus als ein Verbrechen an der gesamten Menschheit gelten.

Kapitel IV

Erinnerung, Zeit und Vorausschau

Eine im Jahr 1943 in London gehaltene Rede

Es gibt drei dicht beieinanderliegende Themen, die sich in den drei Begriffen: Erinnerung, Zeit und Vorausschau zusammenfassen lassen.

Das Erinnerungsvermögen mag als die Fähigkeit definiert werden, frühere Gedanken und Eindrücke zu speichern und erneut wachzurufen. Es bezieht sich somit auf die Vergangenheit, während die Vorausschau die Zukunft betrifft. Der Strom der Zeit verknüpft Vergangenheit und Zukunft im unmittelbaren *Jetzt*, das beide enthält. Aufgrund dieser Tatsache erklärt sich meiner Meinung nach die Beziehung zwischen Erinnerung und Vorausschau und zeigt, dass es sich um die beiden Seiten einer Medaille handelt.

Seltsamerweise ist es bisher weder der Religion noch der Wissenschaft gelungen, Licht auf eine der erstaunlichsten Fähigkeiten des menschlichen Geistes zu werfen – die Kraft oder Gabe der Erinnerung. Eigentlich handelt es sich bei der Erinnerung um weitaus mehr als um eine Kraft oder eine Gabe. Wir wissen weder, was sie ist, noch kennen wir das Bindeglied zwischen Geist und Gehirn, aufgrund dessen das Gedächtnis arbeitet. Unsere Kenntnisse auf diesem Forschungsgebiet erlaubten es bislang nicht zu entdecken, auf welche Weise sich der Gedanke in unser physisches Gehirn einprägt, wie dieses darauf reagiert und welchen Verlauf eine Gedankenwelle nimmt, um über das Gehirn in die Tat umgesetzt zu werden. Eine Theorie besagt, dass das Gehirn oder sein geistiges Gegenstück eine Vorrichtung enthält, die mit einem hochempfindlichen Film oder einer Fotografenplatte verglichen werden kann, auf der jeder Gedanke, jedes Gefühl oder Erlebnis eines Individuums unauslöschlich aufgezeichnet wird. Man bedenke, was dies bedeutet! Im Laufe des Tages werden stündlich Hunderte, vielleicht Tausende von Eindrücken in dieser Weise aufgezeichnet, auf geheimnisvolle Art gespeichert und wieder hervorgebracht, wenn der Mensch auf sein Gedächtnis zurückgreift. So vermögen Sie und ich uns in zwanzig Jahren die Gedanken und Erfahrungen dieses Abends wohl wieder ins Gedächtnis zu rufen.

Die Lehre des Ostes spricht zudem von dem sogenannten „planetarischen Gedächtnis", das die Aufzeichnung der Handlungen und Erlebnisse aller Lebensformen in sich trägt, die jemals auf der Erde existiert haben. Diese Aufzeichnungen sind unser gemeinsames Erbe und bilden die Grundlage des individuellen Gedächtnisses. „Neuen" Entdeckungen zugrundeliegende Gedankenkombinationen gehen angeblich aus diesem allgemeinen Reservoir hervor, aus dem bei Bedarf jederzeit geschöpft werden kann.

Es scheint jedenfalls nichts verlorenzugehen. Jeder Gedanke oder Eindruck, der tagsüber von allen oder einem unserer Sinne minütlich aufgenommen wird, wird automatisch aufgezeichnet und kann durch unser Erinnerungsvermögen wieder hervorgeholt werden. Da wir vergessliche Geschöpfe sind, fällt es uns schwer zu glauben, dass sich unser gesamtes Denken und Handeln auf diese Weise unauslöschlich in unseren Geist einprägt. Und doch geschieht es immer wieder, dass eine zufällige Bemerkung eine Flut von Erinnerungen an vergessene, oft nichtssagende Ereignisse in uns wachruft, was eindeutig beweist, dass jedes Geschehen dauerhaft aufgezeichnet wird. Diese erstaunliche Tatsache führt uns zu dem Begriff Zeit und deren Verbindung zum Gedächtnis.

Unter dem Begriff Zeit verstand man ein sich fortwährend entrollendes Band, auf dem das Wie und Wann aller menschlichen und planetarischen Begebenheiten aufgezeichnet wurden. Die vergangenen Ereignisse standen demnach fest und ließen sich nicht mehr verändern. Die Gegenwart betrachtete man als fließend. Vergangenheit und Zukunft übten nicht unbedingt einen Einfluss auf sie aus. Dieses Konzept hat sich inzwischen erheblich gewandelt. Heute betrachtet man die „Zeit“ als ein *Ganzes*, in dem Vergangenheit, Gegenwart und Zukunft eine sich ergänzende Einheit bilden. Anstatt die zukünftige Zeit als unbeschriebenes Blatt zu sehen, glauben inzwischen viele, dass sie nicht nur bereits existiert, sondern Eindrücke von Geschehnissen birgt, die sich nach menschlichem Ermessen noch nicht ereignet haben. Was das Leben auf diesem Planeten betrifft, scheint die Zeit eher einen geschlossenen Kreis als eine Spirale zu bilden. Auf jedem Kreispunkt sind die Ereignisse, ob vergangen, gegenwärtig oder zukünftig, so eng miteinander verwoben, dass Vergangenheit, Gegenwart und Zukunft in gewisser Weise im *Jetzt* enthalten und entscheidend sind. In diesem Zusammenhang gesehen, gibt es viele verschiedene Formen unserer sogenannten „Zeit“.

Für unseren Schöpfer, der Seine Schöpfung aus Sicht der Ewigkeit betrachtet, scheinen tausend Jahre wie ein Tag zu sein. Das göttliche Versprechen sichert uns zu, dass unsere Rufe gehört und beantwortet werden, ehe sie vorgebracht wurden, was auf eine Zeitvorstellung hinweist, die den meisten Menschen fremd ist.

Was die Zeit in Traumerlebnissen anbelangt, unterscheidet sie sich erheblich von der „Sonnenzeit“. Mit Hilfe des Erinnerungsvermögens können wir die Dauer vergangener Ereignisse willentlich variieren, so dass die Zeit in solchen Fällen unser Diener, nicht unser Herr wird. Im Hinblick auf geistige und emotionale Erfahrungen scheint jedes Individuum ein ganz persönliches Zeitempfinden zu besitzen. Daran sollten wir denken, wenn wir die Zeit als Bindeglied zwischen Erinnerung und Vorausschau betrachten.

Gewiss haben manche unter uns im Traum oder im Wachzustand schon einmal den Eindruck gewonnen, gewisse Dinge bereits früher erlebt zu haben. Zur Erklärung möchte ich eine diesbezügliche Begebenheit schildern.

Als ich mit dem Zug eine mir unbekannte Strecke fuhr, kam mir die Szene plötzlich vertraut vor, und es wurde mir bewusst, dass ich die Bemerkung, die der mir gegenübersitzende Fremde gerade machen wollte, bereits kannte. Von der anschließenden Unterhaltung war mir jedes Wort geläufig, und ich hatte das Gefühl, alle Einzelheiten, vielleicht vor vielen Jahren, bereits einmal erlebt zu haben. Der Blick aus dem Zugfenster entsprach dem, was ich schon früher gesehen hatte, desgleichen die Unterhaltung zwischen dem Fremden und mir, deren Ablauf ich im Voraus kannte.

Einer erst kürzlich gegebenen Erklärung zufolge, registriert das Unterbewusstsein äußere Eindrücke den Bruchteil einer Sekunde früher als der bewusste Verstand, was das beschriebene Empfinden von Vertrautheit hervorruft. Diese Erklärung berücksichtigt allerdings nicht die zahlreichen Fälle, in denen sich die Vorausschau einer ganzen Reihe von Ereignissen über einen Zeitraum von vierundzwanzig Stunden bis möglicherweise über fünfundzwanzig Jahren erstreckt.

In solchen Fällen, die häufiger vorkommen, scheint das Erinnerungsvermögen sowohl in die Zukunft als auch in die Vergangenheit eindringen zu können. Der wissenschaftliche Beweis würde uns vor ein großes Rätsel stellen. Falls Dinge, die sich im menschlichen Leben zeitlich noch nicht ereignet haben, gedanklich oder in der Erinnerung *vorher* genau gesehen oder erlebt werden, stellt sich die Frage, inwieweit wir einen freien Willen besitzen. Ist zwischen Wiege und Bahre alles bis ins Einzelne vorherbestimmt, wie es der Fall zu sein scheint, wenn solche Ereignisse und Erfahrungen vorausgesehen werden können? Besteht unter den entsprechenden Voraussetzungen die Möglichkeit, Geschehnisse, die auf äußerer Ebene noch nicht eingetreten sind, ebenso exakt wahrzunehmen wie wir uns an Ereignisse der Vergangenheit zu erinnern vermögen?

Angesichts unseres gegenwärtigen Wissensstandes scheinen die Frage des freien Willens und der Schicksalsaspekt unlösbar miteinander verquickt zu sein. Das rätselhafte Ineinandergreifen von Erinnerung, Zeit und Vorausschau bedarf eingehenderer Betrachtung und Erforschung, als dies bislang geschehen ist.

Ich erinnere mich an ein Erlebnis, das mir vor einigen Jahren in Rom widerfuhr. Auf meinem Weg durch die Stadt kam ich an einer

Weinhandlung vorbei, vor der ein Pferdewagen stand, einer jener Landkarren, die dem Transport von Weinfässern dient. Der Fahrer verabschiedete sich gerade von einem Mädchen, das offensichtlich seine Liebste war. Plötzlich empfand ich den unwiderstehlichen Drang, zu ihnen hinüberzugehen und die Weiterfahrt in irgendeiner Weise hinauszuzögern. Als ich auf sie zuging, vernahm ich eine Stimme, die in ernstem Ton sprach: „Du darfst dich nicht in das Schicksal einmischen." Betroffen setzte ich meinen Weg fort. Eine Weile später stieß ich auf der Piazza di Populo auf eine Menschenmenge und erfuhr, dass sich ein Unfall ereignet hatte. Beim Zusammenprall eines Pferdewagens mit einer Straßenbahn waren Pferd und Fahrer getötet worden. Es stellte sich heraus, dass es sich bei dem Fahrer um den jungen Burschen handelte, dessen Abfahrt von der Weinhandlung ich verzögern wollte. Der Unfall ereignete sich an einer unübersichtlichen Ecke der Piazza. Eine Verzögerung von nur wenigen Minuten hätte genügt, um das Unglück zu verhindern.

Ebenso wenig wie ich eine Lehre aus dieser Geschichte ziehen möchte, vermag ich zu erklären, warum der Impuls einzuschreiten, dem Drängen, davon abzusehen, unterlag. Andererseits bin ich froh, dass ich dazu angehalten wurde, mich richtig zu verhalten.

Aufgrund zahlreicher ähnlicher Erlebnisse gehe ich davon aus, dass die Vorherbestimmung in Bezug auf die menschlichen Angelegenheiten stärker als der freie Wille ist, jedenfalls auf der gegenwärtigen Entwicklungsstufe des Menschen.

Es mag durchaus zutreffen, dass die bewusste oder unbewusste Erinnerung im Zusammenspiel mit den Aufzeichnungen des Gedächtnisses unsere Handlungen und freien Entscheidungen stärker beeinflusst als irgendein anderer Faktor. Was wir jetzt denken und tun, muss weitgehend das Ergebnis dessen sein, was wir in der Vergangenheit gedacht und getan haben. Der freie Wille muss demnach, insoweit er existiert, einer Kette von Ursache und Wirkung unterworfen sein. Das sogenannte Gedächtnis scheint eine Art Kontrollfunktion auszuüben. Vielleicht vermag der Geist des

Menschen auf der Ebene der Seele und des Bewusstseins ein großes Maß an Willensfreiheit auszuüben, wohingegen der Einfluss des Gedächtnisses eine solche Freiheit unweigerlich einschränkt oder völlig ausschaltet, wenn es darum geht, Gedanken in die Tat umzusetzen. Sollte diese Schlussfolgerung zutreffen, gewinnt die Erforschung des Gedächtnisses einen höheren Stellenwert, als bislang angenommen.

Falls das Erinnerungsvermögen als entscheidendes Bindeglied zwischen Schicksal und freiem Willen betrachtet werden kann, darf man einen anderen Aspekt nicht außer Acht lassen. Im Laufe seiner geistigen Entwicklung erreicht der Mensch einen Punkt, an dem er vor der Wahl steht, weiterhin seinen freien Willen ausüben zu wollen oder seine Freiheit und seinen Willen dem Willen seines Schöpfers unterzuordnen. Zu diesem Zeitpunkt beginnt der höhere Geist sich bemerkbar zu machen. Wer die Entscheidung trifft, dem göttlichen Willen mehr als seinem eigenen zu gehorchen, wird eine ungeahnte Freiheit und ein niemals gekanntes Glück erfahren. Persönliches Schicksal und Willensfreiheit werden allmählich zu einer Einheit verschmelzen, die über beiden steht. Die Frage, mit der wir uns hier beschäftigen, wird sich nicht mehr stellen.

Die Vorausschau zukünftiger Ereignisse haben einige moderne Schriftsteller folgendermaßen erklärt:

Geht jemand eine auf beiden Seiten mit hohen Hecken bestandene Straße entlang, sieht er nur den Straßenabschnitt, der in seinem Blickfeld liegt. Wäre er in der Lage, sein Bewusstsein in ein über ihm fliegendes Flugzeug zu versetzen, sähe er sich die Straße entlanggehen und könnte alles erkennen, was zu beiden Seiten geschieht. Sein Blick umfasste eine sehr viel weitere Wegstrecke als vom Boden aus. So könnte er den Moment abschätzen, in dem ein Auto, das um eine vor ihm liegende Straßenkurve biegt, an dem Fußgänger, also an ihm selbst, vorbeikäme und somit ein bestimmtes Ereignis voraussagen, ehe es tatsächlich eintrifft. Die Fähigkeit einer genauen Voraussage hängt demnach wohl weitgehend von der Perspektive des Betreffenden ab, was allerdings nicht bedeutet, dass sich die *Interpretation* des auf diese Weise wahrgenommenen Vorfalls als unbedingt richtig erweisen muss.

Den möglicherweise verblüffendsten Fall von Vorausschau erlebte ich im Jahre 1910 in der ägyptischen Wüste. Meilenweit vom Lager entfernt, hatte ich im Wüstensand meinen Weg verloren und war verzweifelt. Nachdem ich einige Stunden umhergeirrt war, begegnete ich einem Araber auf seinem Kamel, der mir den Weg wies. Bevor wir uns trennten, ließen wir uns zu einem Plausch nieder. Mit einem Male glättete mein Begleiter den Sand vor sich mit einer kreisförmigen Bewegung seiner Hände. Er schien in Trance zu fallen und begann in einer Stimme, die nicht seine eigene war, Prophezeiungen auszusprechen. Dieser ungebildete Mann, dem ich niemals zuvor begegnet war, gab ein genaues Bild von den bisherigen Ereignissen in meinem Leben. Seine weiteren Aussagen erstreckten sich über einen Zeitraum, der beide Weltkriege mit einschloss. Seine Angaben über die Rolle, die ich und andere in diesen Zeiten des Umbruchs spielen sollten, haben sich bis ins Einzelne bestätigt. Selbst die Zeitspanne zwischen den erwähnten Ereignissen gab er verblüffend genau an.

Ich bin mir durchaus bewusst, dass zahlreiche Äußerungen dieser Art jeglicher Grundlage entbehren. Falls sie sich aber so exakt wie diese erweisen, muss man von einer kaum bekannten hellseherischen Fähigkeit des menschlichen Bewusstseins ausgehen, mittels derer in der „Zukunft" liegende Ereignisse und Erfahrungen genau vorausgesehen werden können. Das einer solchen Vorausschau zugrundeliegende Gesetz ist unbekannt, was vielleicht gut ist.

Andererseits ist es durchaus denkbar, dass ein geschultes „Gedächtnis" durch die Zeit gleitet und dabei Vergangenheit, Gegenwart oder Zukunft im menschlichen Sinne sowie Vorkommnisse wahrnimmt, die sich noch nicht „ereignet" haben.

Wie dem auch sei, meine Erfahrung, die sich über mehr als fünfzig Jahre erstreckt, hat mir gezeigt, dass das Wissen um zukünftige Geschehnisse, das auf hellseherischen oder anderen Fähigkeiten des menschlichen Geistes basiert, in höchst seltenen Fällen für uns einen Wert besitzt. Im Gegenteil, der Versuch, in die Zukunft zu blicken, birgt Gefahren, die meiner Ansicht nach die Vorteile bei weitem übersteigen.

Was die den einzelnen Menschen betreffenden Prophezeiungen anbelangt, schadet es ihm, wenn er darüber nachgrübelt, und macht ihn unzufrieden und ruhelos. Eine Dame erzählte mir, dass ihr als junges Mädchen eine Zigeunerin aus der Hand gelesen und ihr ein hohes Alter von fast neunzig Jahren prophezeit habe und hinzugefügt hatte, dass sie ihr Ende in einer „Feuersäule“ finden werde. Es hatte sie zutiefst beeindruckt. Möglicherweise hat die Erwartung zu der tatsächlich eintreffenden Tragödie beigetragen. Im Alter von sechsundachtzig Jahren schlief die Dame beim Zeitunglesen vor dem Kaminfeuer ein. Die Zeitung fing Feuer, und die siebzig Jahre zuvor ausgesprochene Prophezeiung bewahrheitete sich.

Derartige Fälle scheinen die Sinnlosigkeit und das Leid zu zeigen, die das Interesse an solchen Vorhersagen mit sich bringt.

Einen weiteren Aspekt dieses Themas finden wir in der großen Beachtung, die den biblischen Prophezeiungen zurzeit entgegengebracht wird. Oft aus ihrem Zusammenhang gerissene Aussagen der Bibel und andere heilige Schriften werden häufig in der Absicht verwendet, gegenwärtige Weltkrisen und deren mögliche Auswirkungen zu interpretieren. Diese Deutungen sind zugegebenermaßen oft klug und reizvoll, wie im Fall der Großen Pyramide, deren Symbolik der Prophezeiung dient. Viele vertreten die Ansicht, dass Vorhersagen, die auf „Zeugnissen“ dieser Art basieren, allzu widersprüchlich sind, um von wirklichem Nutzen zu sein. Da andererseits den prophetischen Äußerungen der heiligen Schriften eine solch große Bedeutung beigemessen wird, muss man annehmen, dass ein gewisser geistiger Sinn dahinter liegt. Wenn sich eine Prophezeiung dahingehend auswirkt, dass sie das menschliche Denken angesichts eines herannahenden spirituellen Ereignisses auf eine höhere Ebene erhebt, mag sie an Wert und Bedeutung gewinnen. Andererseits fällt es schwer, in Weissagungen einen Vorteil zu erkennen, die Unglücksfälle und Umwälzungen betreffen, die sich der menschlichen Kontrolle des Durchschnittsmenschen entziehen, da sie die moralische und geistige Beweglichkeit beeinträchtigen. Dass die Todesahnung den Blick schärft und bisweilen die Gabe der Weissagung hervorbringt, ist eine bewiesene Tatsache. Mit zunehmender Bewusstwerdung des nahenden irdischen Endes mag der Blick in die ewigen Wirklichkeiten ein klares Licht auf vergangene und sogar zukünftige Ereignisse werfen. Von dem Soldaten, der 1917 in den Hügeln von Jerusalem kämpfte und vorausahnte, dass er die Schlacht am nächsten Tage nicht überleben werde, wurde oft berichtet. Im Lichte dieser Erkenntnis vermochte er zwanzig Jahre vorauszuschauen und das Armageddon, das wir jetzt erleben, zu weissagen. Dieser prophetischen Schau entsprang die „Stille Minute", die von vielen allabendlich beachtet wird, wenn der Big Ben neun Uhr schlägt.

Wenn das Herannahen des physischen Todes in vielen Fällen die Vision zu fördern und zu schärfen scheint, müsste man erwarten, dass die Erfahrung des eigentlichen Übergangs einen noch umfassenderen Einblick gewährt. Die in diesem Zusammenhang existierenden Beweise zeigen sich widersprüchlich. Man kann wohl davon ausgehen, dass die weitaus größte Anzahl jener, die in die andere Welt eingetreten sind, nicht plötzlich über eine erweiterte Schau verfügt. Vorhersagen solchen Ursprungs, gleichgültig ob sie sich auf Weltereignisse oder persönliche Angelegenheiten beziehen, erweisen sich, gemessen an ähnlichen Eindrücken von Menschen, die noch auf der Erde leben, selten als aufschlussreich. Ich möchte darauf hinweisen, dass ich hier von meinen eigenen Erfahrungen mit derartigen Übermittlungen spreche und es zahlreiche bewiesene Fälle gibt, die andere Deutungen zulassen. Es besteht also kein Grund zu der Annahme, dass der physische Tod an sich das Tor zu einer tieferen Schau bildet und sich die menschlichen Fähigkeiten unweigerlich verändern oder erweitern, sobald die physische Hülle abgestreift wird. Das geistige Wachstum ist ein langsamer Entwicklungsprozess, gleichgültig an welchem Punkt man steht.

Es scheint zuzutreffen, dass ein plötzlicher Kriegstod den Schleier zwischen unserer Welt und dem sogenannten Zwischenreich, das uns umgibt, durchsichtiger macht. Zum besseren Verständnis möchte ich zwei Beispiele anführen.

Während des letzten Krieges wurde ein mir bekannter Kompanieführer zu Beginn des Palästina-Einsatzes von der Kugel eines Heckenschützen getötet. Aufgrund seiner Beliebtheit bei den Männern entschied man, seinen Tod vorerst geheimzuhalten. Der Offizier wurde morgens um sieben Uhr getötet. Dennoch sah man ihn im Laufe des Tages seine Männer zum Angriff führen. Mehrmals rettete er seine Einheit vor einem Überfall aus dem Hinterhalt, der sie wahrscheinlich vernichtet hätte. Nach erreichtem Angriffsziel trat dieser Offizier am Ende des Tages zu seinen Männern und dankte ihnen für ihren tapferen Einsatz und unterhielt sich ganz natürlich mit ihnen. Nachdem die Soldaten am späten Abend vom Tod ihres Kompaniechefs am frühen Morgen erfahren hatten, sahen sie ihn nicht mehr. Trotzdem konnten viele nicht glauben, dass ihr Anführer gegangen war. Für dieses Ereignis kann ich persönlich bürgen, denn ich war dort.

Während des 2. Weltkrieges berichtete mir ein Flieger, von dessen gesundem Menschenverstand ich durchaus überzeugt bin, von einem ähnlichen Fall.

Er war beauftragt worden, als Pilot eines Bomberflugzeuges an einem Angriff auf Deutschland teilzunehmen. Ich möchte den Vorgang, soweit ich mich daran erinnere, mit seinen eigenen Worten schildern: „Es war mein erster Angriffsflug, und ich war nervös. Vor dem Start zog mich mein Geschwaderkommandant, den ich sehr schätzte, beiseite, um mir letzte Anweisungen zu geben. Dann meinte er: „Sollten Sie in Schwierigkeiten geraten, funken Sie mir. Ich werde mich um sie kümmern." Der Anflug verlief reibungslos. Ich warf meine Bomben ab und rüstete mich für den Rückflug. In diesem Moment raste ein Flaksplitter in die Kanzel und zerschlug die Instrumente. Ich verlor den Kontakt zum Geschwader und kreiste allein im Nebel über der Nordsee. Ich verlor die Richtung. Öl und Benzin wurden knapp. Es gelang mir, Verbindung mit X. aufzunehmen. Er führte mich auf den richtigen Kurs zurück und gab mir Anweisungen, wie ich die Benzinreserve am günstigsten nutzen konnte. Ich landete sicher auf meinem Horst. Dort erfuhr ich zu meiner großen Überraschung, dass der Kommandant während des Angriffs tödlich getroffen worden war, und zwar einige Zeit *bevor* ich seine Stimme, die mir klare Anweisungen gab, über Funk vernommen hatte, was mir und meiner Besatzung zweifellos das Leben rettete. Mein Co-Pilot hörte und erkannte seine Stimme ebenfalls."

Falls aus diesen Erfahrungen eine Lehre gezogen werden kann, wäre es wohl die, dass das Band der Liebe stärker als die Macht des Todes ist und unter bestimmten Umständen die Barriere, die der Tod errichtet, zu überwinden vermag. Handelte es sich um Einzelfälle, könnte man sie mit einfachen Erklärungen abtun. Andererseits lässt die Tatsache, dass es zahlreiche Erfahrungen dieser Art gibt, den Schluss zu, dass der physische Tod nicht notwendigerweise die vollständige Trennung einer fühlbaren Verbindung zwischen Lebenden und Toten bedeutet.

Bevor wir uns einem noch wichtigeren Thema zuwenden, möchte ich kurz auf den Versuch eingehen, mit Geistwesen in den unsichtbaren Welten Kontakt aufzunehmen. Wir stehen inmitten des größten Umbruchs der Menschengeschichte. Seine Auswirkungen (und möglicherweise auch einige seiner Ursachen) können in jenem Zwischenreich, das wir nach dem Tode betreten, wahrgenommen werden. Dies ist eine Zeit für Gebet und Stille, weniger für das Bestreben, mit jenen zu kommunizieren, die sich in einem anderen Bewusstseinszustand befinden, sei es durch Automatisches Schreiben oder Trance. Es besteht die große Gefahr, dass durch diese törichte Vorgehensweise unwissentlich chaotische und schädliche Kräfte freigesetzt werden, was meist beklagenswerte Folgen nach sich zieht. Die Kommunikation von Geist zu Geist, die auf der geschulten oder angeborenen Fähigkeit des Hellsehens beruht, besitzt einen völlig anderen Stellenwert und kann sich in diesen leidgeprüften Zeiten als hilfreich erweisen.

Zum Schluss möchte ich noch einen wesentlichen Punkt ansprechen. Es gibt Seher in unserer Mitte, die weit über den menschlichen Horizont hinauszublicken vermögen und deren Vision in der gegenwärtigen Zeit von ungeheurem Nutzen sein kann. Diese Vision enthält ein gewisses prophetisches Element, dem ein beachtlicher Wert beigemessen werden kann, da es eher der allgemeinen als der persönlichen Lage nützt. Diesen Sehern zufolge nähert sich der Menschenebene aus höheren Regionen, die das Fassungsvermögen der meisten von uns übersteigt, eine Woge der Erleuchtung und spirituellen Kraft. Sie berichten von dem hellsten Licht, das jemals die Dunkelheit, in der wir leben, durchdrungen hat.

Einige werden sich vielleicht daran erinnern, dass ich dieses Ereignis vor etwa fünfzehn Jahren bereits angesprochen habe. Mehr als ein Redner oder Visionär hat im Laufe des vergangenen halben Jahrhunderts darauf hingewiesen. Trotz der beiden Weltkriege und des dazwischenliegenden unsicheren Friedens hat sich die Strahlkraft dieses herannahenden Geschehens verstärkt. Ich glaube, es liegt in der Macht der Menschen, das Momentum einer Offenbarung, die das Leben auf diesem Planeten und in den Zwischenwelten in einem zurzeit unwahrscheinlich anmutenden Ausmaß erhöhen wird, zu beschleunigen oder zu verzögern. Jeder Einzelne ist aufgerufen, sich darauf vorzubereiten, als Durchlassgefäß für diese Erleuchtung zu wirken. Sie birgt einen göttlichen Impuls, der die Menschheit läutert, erhebt und verklärt.

Richtig gesteuert, liegt in der *Erwartung* eine ungeheure Kraft. Der Mensch soll das Heraufdämmern einer neuen Morgenröte gläubig *erwarten*, ihr Licht mit Herz und Geist aufnehmen und reflektieren. In welcher Gestalt sich dieses Kommen zeigen wird, ist zweitrangig. Wir sollten uns nicht unnötig damit befassen. Wesentlich ist es, die schöpferische Gegenwart in uns und um uns herum als lebendige Wirklichkeit zu akzeptieren. Dies wird das Eintreten des zu erwartenden Geschehens beschleunigen.

Licht, Liebe und Weisheit sind das Geburtsrecht jedes Gotteskindes. Das Licht muss sich zuerst im Inneren des Individuum widerspiegeln und dann von diesem Zentrum des Lebens und des Seins in alle Richtungen ausstrahlen.

Es ist unsere Pflicht und unser Privileg, uns still zu disziplinieren und zu schulen und unser Selbst zur Ruhe zu bringen, damit wir würdige Diener in dem sich nun entfaltenden Weltgeschehen werden. Es gibt nur wenige Menschen, die die Kraft der Stille begreifen. In der Stille nehmen wir die geistigen Wirklichkeiten als innere und persönliche Erfahrung wahr, was in keiner anderen Weise erreicht werden kann. Das Ich vollständig zur Ruhe zu bringen, öffnet das Tor, durch das die Offenbarung eintreten und in uns einsinken kann. Sie verweilt in jeder erwachten Frau und in jedem erwachten Mann und bringt jenen Frieden, der der Ankunft des Königreiches in unserer Mitte vorausgehen muss.

Kapitel V

Übersinnliche Wahrnehmung

Die Haushälterin einer Quäkerin, mit der ich befreundet war, pflegte allmorgendlich beim Frühstück aus dem Gedächtnis zu zitieren, was man sie während des Schlafens gelehrt hatte. Ihre Herrin machte Notizen und sandte mir schließlich das Skript. Abgesehen von der fehlerhaften Grammatik und den ungewöhnlich langen Sätzen, gab es, literarisch gesehen, kaum etwas zu beanstanden. Die Lehre selbst ließ auf eine Inspiration von hoher Ebene aus schließen. Nach der erforderlichen Überarbeitung wurden die Aufzeichnungen unter dem Titel „Christus in dir“ veröffentlicht und von einem eng mit mir befreundeten Schotten finanziert. Dieses inspirierende Büchlein erlebte in England, Amerika und Europa mehrere Auflagen, und es besteht immer noch Nachfrage. Sein Ursprung wurde hier zum ersten Mal enthüllt. Gehen dem Schlaf innere Ruhe und Gebet voraus, können die in der Nacht aufgenommenen Eindrücke von ungeheurem Wert sein, besonders wenn der Betreffende sie in das Wachbewusstsein mitzunehmen vermag.

Es ist durchaus nicht ungewöhnlich, dass im Wachzustand nicht zu bewältigende Probleme während des Schlafes, wenn Körper und Gehirn ruhen, ganz natürlich gelöst werden.

Die Gefahr der medialen Botschaften

Auf die Gefahren und die Unzulänglichkeit bestimmter Methoden, etwas über die anderen Welten in Erfahrung zu bringen, habe ich bereits hingewiesen. Damit möchte ich nicht in Abrede stellen, dass diese Mitteilungen etwas von Wert oder Interesse zu bieten haben. Die spiritistische Literatur umfasst ein weites Feld und enthält hilfreiche Lehren in Bezug auf philosophische und metaphysische Themen. Alle diese Informationen als wertlos zu betrachten, wäre vermessen und falsch. Dennoch darf hinsichtlich der so erhaltenen Auskünfte über die Gegebenheiten auf der anderen Seite nach dem „Tode" ein wesentlicher Punkt nicht übersehen werden. Zwischen denjenigen, die sich auf solche Weise „mitteilen", scheint es keine Übereinstimmung zu geben. Die Aussagen über die Umstände eines zukünftigen Lebens sind derart widersprüchlich, dass es schwierig ist, irgendeine Gemeinsamkeit herauszufinden. Aus diesem Grunde wäre es unklug, sie als verlässliche Anhaltspunkte zu betrachten. Ich denke, man sollte ernsthaft überlegen, ob die zahlreichen „Geist"- Kommunikationen im Laufe des verflossenen halben Jahrhunderts wirklich dazu beigetragen haben, ein *fortwährendes* Weiterleben des Einzelnen sowie die genauen Umstände auch nur annähernd zu beweisen.

Kommunikationen dieser Art haben zweifellos Tausenden von leidenden und trauernden Menschen Trost gespendet. Es wäre grausam, ihnen einen solchen Trost zu verweigern, aber die Zeit ist gekommen, diese immer noch vorherrschenden Methoden durch natürliches Hellsehen und geistige Schulung zu ersetzen, um zwischen der Fantasie des Gehirns und wahrer innerer Schau zu unterscheiden.

Nach meinem Dafürhalten gehört das Medium in Trance ebenfalls zu den künstlichen Methoden. Mit dieser Aussage möchte ich keinen Anstoß erregen, da es sich aus meiner Erfahrung bei den meisten Männern und Frauen, die dieser Tätigkeit nachgehen, um Menschen edlen Charakters handelt. Freiwillig und in bester Absicht gestatten sie entkörperten Wesen, deren Aktivitäten sie nicht zu kontrollieren vermögen, ihren Körper und ihren Geist zu übernehmen. Bereitwillig treten sie zurück und wirken als Kommunikationskanal für Leben und Sein einer anderen Welt. Indem sie Hilfesuchende aufklären, haben sie das Gefühl, eine wertvolle Aufgabe zu erfüllen. Dennoch werden weder die Gefahren der sogenannten „geistigen Besitzergreifung“ wirklich erkannt noch die Tatsache, dass sich es sich dabei um eine rückschrittliche, nicht um eine fortschrittliche Praxis handelt.

Letztlich wird die Gewissheit, ob jedem von uns ewiges Leben beschieden sein wird, allein aus dem eigenen Selbst kommen und niemals aus äußeren Quellen. Gebet und Stille öffnen uns die Tore zu dieser Gewissheit. Ein schlichter, vertrauensvoller Glaube bahnt den Weg dorthin. Kinder besitzen diesen Glauben, da sie der Stolz des Verstandes, der ihnen in späteren Jahren zum verhängnisvollen Stolperstein werden kann, noch nicht beherrscht. Es gibt keinen endgültigen Beweis für die Unsterblichkeit, nur die Unsterblichkeit selbst.

Ein Beobachter auf der „anderen Seite“

Betrachten wir die Gegebenheiten, die wir wahrscheinlich unmittelbar nach dem physischen Tod vorfinden, aus Sicht eines Beobachters.

Der physische Tod ist ein ebenso natürlicher Prozess wie die Geburt. In gewisser Hinsicht ähneln sich beide. Es bedarf neun Monate der Vorbereitung im Mutterleib, um einen Körper für das Erdendasein zu bilden. Das Neugeborene verfügt im Keim bereits über alle Fähigkeiten, die sich allmählich entfalten müssen, um im späteren Leben eingesetzt zu werden. Manchmal gelangt ein Individuum bereits mit sieben Jahren in den „Vollbesitz seiner Fähigkeiten“, oder es gibt solche, die ein Leben lang nicht reif zu werden scheinen. Gewöhnlich gelangen die geistigen und emotionalen Aspekte eines Menschen im Laufe seines Wachstums ganz natürlich zur vollen Blüte. In manchen Fällen scheint die Entwicklung einen Punkt zu erreichen, an dem sie stehenbleibt, während sich in anderen Fällen der Entwicklungsprozess durch das ganze Leben, bis ins reife Alter, fortsetzt. Umso besser.

Wenn wir die andere Welt betreten, durchlaufen wir einen ähnlichen Vorgang. Meistens beginnt er mit einer Phase des Schlafens, was mit der Zeit im Mutterleib verglichen werden kann. Erwacht der Neuankömmling, wird ihm allmählich bewusst, dass er noch lebt und ihm noch alles zu eigen ist, was ihn zum bewusst lebenden Wesen auf Erden machte. Seinen physischen Körper vermisst er nicht, da dieser durch eine „frische" und anpassungsfähigere „Form" ersetzt wurde, derer er sich nun bedient. Ebenso wie ein Säugling lernen muss, Arme und Beine zu betätigen und allmählich seine Körperfunktionen zu lenken, findet in der anderen Welt ein vergleichbarer Prozess statt. Diese Erfahrung übt eine gewisse Faszination aus, da die neue Gestalt über ein viel umfangreicheres Betätigungsfeld verfügt als der abgelegte Körper.

Der Neuankömmling wird verblüfft feststellen, dass seine Gedanken und Empfindungen augenblicklich Gestalt annehmen und ihn als greifbare Wirklichkeit zu umgeben scheinen. Er wird lernen, seine Gedanken und Gefühle zu lenken und zu kontrollieren, um nicht von einem Schwarm dominierender „Leibwächter" übermannt zu werden. Diese Gegebenheiten lassen sich nicht in Worte fassen, um sie den vielen verständlich zu machen, die sie noch nicht selbst erlebt haben. Langsam beginnt der Neuankömmling, sich an seine frühere Existenz zu erinnern, ein Vorgang, der mit der Zeit viel Wertloses abwirft, aber die wesentlichen Elemente in geläuterter Form zurückbehält, was die Erinnerung zu einem wertvollen Besitz werden lässt.

Die „Zeit" wird kommen, in der dieses Individuum entdeckt, dass es nicht an einen „Ort" gebunden ist, sondern sich seinen Wünschen entsprechend frei bewegen kann, eine Entdeckung, die es mit Erstaunen und Freude erfüllt. Es beginnt, sein unbekanntes, oft interessantes Umfeld zu erkunden und wird sich anderer Wesen bewusst, die sich in der gleichen Lage befinden und mit denen es sich sozusagen telepathisch zu „unterhalten" vermag. Da sein Erinnerungsvermögen aktiver wird, besinnt es sich stärker auf sein vorangegangenes Leben, was häufig von dem Verlangen begleitet wird, in jene Gegebenheiten zurückzukehren, die ihm vor seinem „Tode“ vertraut waren.

In diesem Stadium erblickt der Neuankömmling gewöhnlich ein bestimmtes Panorama, eine Rückschau der wesentlichen Ereignisse und Erfahrungen seines Erdendaseins. Dieses seltsame und fesselnde Phänomen mag Freude oder Trauer, Glücksgefühle oder Bedauern in ihm auslösen. Bei dem sogenannten *Fegefeuer* handelt es sich oft um bittere Erinnerungen, hervorgerufen durch das Erblicken eines vergeudeten oder üblen Erdenlebens. Jetzt ist es zu spät, seine Verfehlungen wiedergutzumachen, Grausamkeit und Unrecht, für die man vielleicht die Verantwortung trug, zu sühnen. Reue kann Depression und Angst hervorrufen, was an sich eine Art von Hölle darstellt. Da die Gedanken und Gefühle augenblicklich Gestalt annehmen und ihr Opfer umringen, fühlt sich das Individuum gefangen und aller Initiative beraubt. Ein Weiser hat einmal geäußert: „Bedauern ist das Niedrigste, zu dem die Erinnerung getrieben werden kann.“ Dennoch sollten wir nicht vergessen, dass es furchtbar und heilsam zugleich sein kann, Unrecht, eigennütziges und sinnliches Handeln und den Missbrauch geschenkten Lebens zu bereuen.

Nachdem der Neuankömmling sein Bewusstsein und seine Erinnerung wiedergewonnen hat, beginnt er zu erfahren, was der „Zug der Schwerkraft“ nach zwei Seiten hin bedeutet. Einerseits fühlt er sich zur Erde, die er erst kürzlich verlassen hat, zurückgezogen und andererseits zieht ihn etwas aufwärts, das ihn aus seiner seltsamen und oft schwierigen Umgebung zu einer harmonischen Bewusstseins- und Handlungsebene zu erheben vermag. Sich nach beiden Seiten hingezogen zu fühlen, kann äußerst unangenehm sein und scheint sich oft über einen unerträglich langen Zeitraum hinzuziehen. Jemand, der jäh die Erde verlassen musste, innerlich gefangen von den sinnlichen Freuden, denen er frönte, sieht sich jetzt nahezu unerträglich zu jener Stofflichkeit hingezogen, die er nur zögernd hinter sich ließ.

Jene, die ihre Lieben zurückgelassen haben, verspüren den

Wunsch, zu ihnen zurückzukehren und nochmals das zu erleben, dessen sie sich jetzt beraubt sehen. Trotz aller Verwirrung und Schwierigkeit werden wertvolle Lektionen daraus gezogen und die Erkenntnis gewonnen, dass es sich bei der Aufwärtsentwicklung um ein Gesetz handelt, das nur auf eigene Gefahr unbeachtet bleiben kann.

Was die Hinterbliebenen betrifft, die um ihre Angehörigen oder Freunde trauern und nicht wissen, welches Schicksal sie ereilt hat, ist der Wunsch, mit ihnen in Berührung oder sogar in Kontakt zu treten, nur allzu verständlich. Da ein solcher Wunsch dem persönlichen Schmerz entspringt, kann er sich als äußerst selbstsüchtig erweisen und dem geliebten Menschen unvorstellbaren Schaden zufügen. Die Aufgabe der Hinterbliebenen sollte darin bestehen, durch Gebet und Stille ihr Bewusstsein auf eine Ebene zu erheben, auf der eine natürliche Gemeinschaft erreicht werden kann. Der Versuch, den Dahingeschiedenen in die irdischen Gegebenheiten zurückzuziehen, bedeutet, den Prozess umzukehren und birgt große Gefahren.

Viele, die der Kummer zermürbt, wenden sich an ein Medium, das vermitteln soll; oder sie versuchen es mit automatischem Schreiben und ähnlichen Dingen. Auf diese Weise verstärkt sich der erdwärts gerichtete Zug. Die Bemühungen des Heimgegangenen, dem Zwischenreich zu entkommen und sich auf eine höhere und glücklichere Ebene aufzuschwingen, werden gehemmt und häufig unendlich lange hinausgezögert. Es ist gefährlich und rückschrittlich, der Versuchung zu erliegen, in die irdischen Bereiche zurückzukehren. Diejenigen, die noch auf der Erde weilen und an solchem Bestreben aus selbstsüchtigen oder persönlichen Gründen mitwirken, werden harten Strafen entgegensehen.

Außerdem gestalten sich die Gegebenheiten des sogenannten Zwischenreiches unübersichtlich und disharmonisch, wird dem abwärts gerichteten Zug der Schwerkraft nachgegeben. Die geistige Einstellung und die bereits erwähnten Praktiken führen unter Umständen dazu, dass sich unsere Lieben gezwungen sehen, unnötig lange und in elendem Zustand in der Region „zwischen Himmel und Erde“ zu verharren. Hinzu kommt, dass sie auf diejenigen, die den höllischen Zuständen entrinnen möchten, einen bedenklichen Einfluss ausüben, da sie es ihnen erschweren, der Versuchung zu widerstehen, in den physischen Zustand zurückzukehren, dem sie entwachsen sind.

Angesichts der in diesem Grenzland wahrscheinlich zu erwartenden Gegebenheiten möchte ich kurz auf den unerwarteten Tod und seine Folgen eingehen.

In diesem Zusammenhang sollen die Erfahrungen eines Soldaten angeführt werden, der im Ersten Weltkrieg getötet wurde. Was er mir innerhalb weniger Wochen nach seinem Dahinscheiden mitteilte, wurde inzwischen von vielen anderen Seiten bestätigt, weshalb meiner Ansicht nach der Stichhaltigkeit des folgenden Berichtes Glauben geschenkt werden darf.

An einem Montag, im März 1917, ging ich während meines Urlaubs am Strand von Bournemouth spazieren. Ich spürte jemanden hinter mir und vernahm deutlich seine Schritte. Sie folgten mir den ganzen Tag. Plötzlich sagte ich zu mir selbst: „Es ist ein Soldat, der in der Schlacht fiel und sich bemerkbar machen möchte.“ Den Schritten folgten eine Stimme und schließlich eine Gestalt. Die folgende Botschaft, die „Soldat Dowding“ unbedingt übermitteln wollte, wurde zu jener Zeit mitgeschrieben.

„Mein Name ist unwichtig. Namen sind hier offensichtlich überflüssig. Im Herbst 1915 wurde ich Soldat und ließ mein begrenztes Dorfleben hinter mir. Ich trat als gemeiner Soldat ein und starb als solcher. Meine Soldatenzeit währte nur neun Monate, von denen ich acht im Trainingslager in Northumberland verbrachte. Im Juli 1916 kam ich mit meinem Bataillon nach Frankreich und dort fast unmittelbar in die Gräben. An einem Abend im August wurde ich von einem Granatsplitter getötet. Meinen Körper vergruben sie, wie ich glaube, am nächsten Tag. Wie Sie sehen, streife ich diese unwichtigen Ereignisse nur, die mir einmal viel bedeutet haben. Heute sind sie eigentlich bedeutungslos. Man überschätzt die irdischen Ereignisse. Dies erkennt man aber erst, wenn einen die irdischen Fesseln nicht länger binden.

Mein Körper wurde bald Kanonenfutter. Nur wenige trauerten um mich. Ich spielte eine unbedeutende Rolle in dieser Welttragödie, die sich immer weiter ausbreitet.

Ich bin immer noch ich selbst, eine unwichtige Person. Dennoch möchte ich etwas sagen, ehe ich weitergehe. Ich fürchtete den Tod, was wohl natürlich ist. Ich war ängstlich und fürchtete sogar das Leben und seine Fallstricke. Ich hatte Angst, getötet zu werden, und war überzeugt, dass dies völlige Auslöschung bedeutete – was Viele glauben. Aber da ich nicht ausgelöscht wurde, möchte ich mit Ihnen reden. Darf ich meine Erfahrungen beschreiben? Vielleicht erweisen sie sich für Sie als nützlich. Einige von uns sollten über die Grenzen hinaus reden. Es ist so wichtig. Die Schranken müssen niedergebrochen werden, und dies ist eine Möglichkeit. Hören Sie daher, was ich zu sagen habe.

Der physische Tod ist bedeutungslos. Es gibt keinen Grund, ihn zu fürchten. Einige meiner Kameraden trauerten um mich. Als ich nicht mehr war, dachten sie, ich sei für immer tot. Ich erinnere mich ganz genau, was geschah. Ich wartete an der Ecke einer Traverse, um auf Wache zu gehen. Es war ein wunderschöner Abend. Ich dachte nicht an Gefahr, bis ich das Pfeifen einer Granate hörte, gefolgt von einer Explosion hinter mir. Unwillkürlich duckte ich mich. Es war zu spät. Irgendetwas schlug hart, sehr hart gegen meinen Nacken. Werde ich die Erinnerung an diesen Aufprall jemals verlieren? Er ist das einzig Unangenehme, an das ich mich erinnern kann. Ich fiel. Wohl ohne das Bewusstsein verloren zu haben, fand ich mich außerhalb meiner selbst. Sie sehen, ich erzähle meine Geschichte ganz einfach. Sie lässt sich auf diese Weise leichter verstehen. Das Sterben ist keine große Sache. In dem einen Augenblick lebte ich, aus irdischer Sicht betrachtet, ganz normal und blickte unbesorgt über die Brustwehr eines Schützengrabens. Fünf Sekunden später befand ich mich außerhalb meines Körpers und half zwei meiner Kameraden, ihn durch das Labyrinth der

Gräben zu einem Verbandsplatz zu tragen. Sie glaubten, ich sei ohne Bewusstsein, lebe aber noch. Ich wusste nicht, ob der Granatschlag mich nur vorübergehend oder für immer aus meinem Körper getrieben hatte. Sie sehen, welch eine geringfügige Sache der Tod ist, selbst der gewaltsame Kriegstod. Ich schien zu träumen. Irgendjemand oder irgendetwas hatte mich niedergeschlagen; und nun befand ich mich außerhalb meines Körpers. Bald würde ich in dem Quergang aufwachen und darauf warten, die Wache anzutreten. Es ging alles so einfach vor sich. Für mich war der Tod ein schlichtes Erlebnis, ohne Grauen, ohne langes Leiden und ohne Kampf. Viele erleben ihn auf diese Weise. Meine Kameraden müssen ihn nicht fürchten. Manche haben Angst. Es gibt diese unterschwellige Furcht vor der Möglichkeit einer völligen Auslöschung. Auch ich fürchtete mich davor. Es geht vielen Soldaten so, aber sie haben kaum Zeit, darüber nachzudenken. Wie in meinem Fall, gehen Tausende hinüber, ohne es zu wissen. Der physische Tod ruft keinen Schock hervor. Dieser tritt erst später ein, wenn man zu begreifen beginnt und fragt: „Wo ist mein Körper? Ich bin doch nicht tot?" Was mich betrifft, weiß ich nicht mehr, als ich bereits geschildert habe. Sobald ich bemerkte, dass die beiden Kameraden meinen Körper ohne meine Hilfe tragen konnten, blieb ich zurück. Ich folgte ihnen nur in einer seltsam demütigen Weise. Demütig? Nun, ich kam mir so nutzlos vor. Wir begegneten einer Gruppe mit einer Bahre, auf die mein Körper gehoben wurde. Ich fragte mich, wann ich wohl in ihn zurückkehrte. Sie sehen, ich fühlte mich so wenig „tot", dass ich mir einbildete, (physisch) noch am Leben zu sein. Sinnen Sie einen Moment lang darüber nach, ehe ich fortfahre. Ich wurde von einem Granatsplitter getroffen und empfand keinen Schmerz. Das Leben wurde aus meinem Körper getrieben, schmerzlos, wie ich nochmals betone. Dann bemerkte ich, dass mein ganzes Selbst, alles, was ist, denkt, fühlt, sieht und erkennt, noch lebte und sich dessen bewusst war. Ich werde Ihnen sagen, wie es sich anfühlte. Mir war, als sei ich so schnell gelaufen, dass ich, erhitzt und atemlos, meinen Mantel wegwerfen musste. Der

Mantel war mein Körper. Hätte ich ihn nicht abgestoßen, wäre ich erstickt. Ich kann es nicht besser beschreiben. Mehr gibt es nicht zu berichten.

Mein Körper wurde auf den nächsten Verbandsplatz und nach der Untersuchung in die Leichenhalle gebracht. Ohne zu denken, wachte ich die ganze Nacht an seiner Seite. Irgendeine Kraft außerhalb von mir schien mein Sein, Fühlen und Denken an sich zu ziehen, ein Empfinden, das mich im Laufe der Nacht überkam. Wenn überhaupt, so wartete ich immer noch, in meinem Körper aufzuwachen. Dann wurde ich bewusstlos und schlief fest.

Es scheint mir keine Einzelheit entfallen zu sein. Als ich erwachte, war mein Körper verschwunden. Wie suchte und suchte ich ihn. Obgleich ich immer noch glaubte, zu träumen und bald aufzuwachen, ahnte ich, dass etwas Seltsames geschehen sein musste. Meinen Körper hatte man begraben oder verbrannt. Ich habe es niemals erfahren. Bald suchte ich ihn nicht mehr. Dann kam die Erschütterung. Sie traf mich völlig unerwartet. Ich war von einer deutschen Granate getroffen worden. Ich war tot. Ich war nicht mehr lebendig. Ich war getötet, getötet, getötet worden. Seltsam, dass ich anfangs keinen Schock empfand, als ich aus meinem Körper getrieben wurde. Nun stellte er sich mit aller Wucht ein. Ich versuchte, mich zu erinnern, aber mein Gedächtnis war wie betäubt. (Später kehrte es zurück.) Wie fühlt es sich an, „tot" zu sein? Es lässt sich nicht erklären, weil es nichts zu erklären gibt. Ich fühlte mich nur frei und leicht. Mein Sein schien sich erweitert zu haben. Es sind bloß Worte, aber der Tod ist nichts Besonderes oder Schreckliches. Hinüberzugehen ist so einfach, dass es müßig ist, diese Erfahrung zu beschreiben. Für andere mag es sich komplizierter gestalten, das weiß ich nicht.

Lassen Sie mich berichten, was ich zuerst erlebte, nachdem ich mich ein wenig von dem Schrecken erholt hatte, „tot" zu sein.

Ich befand mich auf oder besser gesagt über dem Schlachtfeld und schien in einem Nebel zu schweben, der den Schall dämpfte und die Sicht trübte. Durch diesen Nebel drangen allmählich ein verschwommenes Bild und schwache Geräusche zu mir, als blicke man durch das falsche Ende eines Fernrohres. Alles erschien weit entfernt, winzig, verschwommen und unwirklich. Geschütze wurden abgefeuert. Es hätte Millionen von Meilen entfernt sein können. Die Explosion erreichte mich kaum. Ich war mir der platzenden Granaten bewusst, ohne sie wirklich zu sehen. Das Gebiet schien völlig leer zu sein. Es waren keine Soldaten zu sehen. Ich hatte das Gefühl, als blicke ich aus den Wolken hinunter, aber das drückt es auch nicht genau aus. Explodierte eine Granate, die Leben nahm, empfand ich es als intensiver. Der Lärm und der Tumult schwappten mit den Leben der Gefallenen über die Grenzlinie. Eine seltsame Art, es zu beschreiben! Währenddessen fühlte ich mich sehr einsam. Ich bemerkte niemanden in meiner Nähe und befand mich weder in der materiellen Welt noch war ich mir sicher, überhaupt an irgendeinem Ort zu sein. In einer Art Traumzustand war ich mir nur meiner eigenen Existenz bewusst. Ich muss wohl zum zweiten Mal eingeschlafen sein und verharrte lange in einem unbewussten und traumlosen Zustand.

Schließlich erwachte ich. Ein neues, erregendes Gefühl erfasste mich. Ich, all das Wesentliche von mir, schien auf einem Gipfel zu stehen. Alles andere wich weit zurück. Was zu einem körperlichen Leben gehörte, schien in einen bodenlosen Abgrund zu stürzen. Dennoch empfand ich es nicht als einen schmerzlichen Verlust. Mein Sein schien winzig und zugleich weit ausgedehnt zu sein. Alles Unwirkliche fiel von mir ab. Das Gefühl der Einsamkeit vertiefte sich.

Es ist schwierig, sich auszudrücken. Falls die Begriffe nicht eindeutig sind, liegt es nicht an Ihnen. Sie notieren, was ich Ihnen einpräge. Woher ich dies weiß? Ich kann Ihren Schreibstift nicht sehen, aber ich sehe, wie meine Gedanken aufgefangen werden und in Ihrem Geist rasch Gestalt annehmen. Mit Gestalt meine ich wohl Worte. Andere fühlen sich vielleicht nicht einsam. Ich weiß nicht, ob viele in gleicher Lage dieselben Erfahrungen gemacht haben. Als ich das zweite Mal „aufwachte", fühlte ich mich eingeengt.

Dies verliert sich, und ich fühle mich jetzt wirklich frei. Eine Last fiel von mir ab. Ich glaube, meine neuen Fähigkeiten regen sich. Ich kann vernünftig denken, fühlen und mich bewegen.

Ich bin einfach ich selbst und lebe in einer Region, in der Essen und Trinken unnötig zu sein scheint. Ansonsten ähnelt dieses „Leben“ merkwürdigerweise dem auf der Erde. Es gleicht einer „Fortsetzung“, aber mit mehr Freiheit. Im Moment habe ich nicht mehr zu berichten.

Danke, dass Sie mir zugehört haben.“

Der Übergang geschieht nicht immer so einfach wie im Fall des Soldaten Dowding. Falls Angst und Hass bestimmend sind, kann er sich weitaus schwieriger gestalten. Zum Trost jener, die einen geliebten Menschen im Krieg oder bei einem Unfall verloren haben, möchte ich hinzufügen, dass es im Zwischenreich Gruppen und Organisationen gibt, deren Tätigkeit unserem Roten Kreuz entspricht. Bei ihren Mitgliedern handelt es sich um jene, die bereits auf der Erde sozusagen im Rettungsdienst ausgebildet wurden.

Diese wichtige Aufgabe übernehmen Freiwillige, von denen viele bis vor kurzem auf der Erde lebten. Um den anfallenden Bedürfnissen zu genügen, stehen Krankenhäuser, Ruhestätten und Ausbildungszentren zur Verfügung.

Bei zahlreichen Gelegenheiten durfte ich mich an solchen „Rettungsaktionen“ beteiligen. Diejenigen Leser, die an die Kraft des Gebetes glauben, sollten diese hingebungsvollen Helfer und ihre Arbeit nicht vergessen.

Es mag eine Zeit kommen, in der sich viele von uns glücklich schätzen werden, die Dienste dieser selbstlosen und engagierten Wesen in Anspruch nehmen zu dürfen.

Für die Zukunft bauen

Wir sind geneigt anzunehmen, dass unsere Position im Leben auf Umstände zurückzuführen ist, die wir nicht in der Hand haben. Nichts kann weiter von der Wahrheit entfernt sein als dieser Glaube. Das Haus, in dem ich lebe, meine Freunde, mein Umfeld, im Grunde genommen alle meine Lebensumstände beruhen nicht auf Zufällen. Im Gegenteil, allein meine Gedanken und Handlungen in der Vergangenheit sind verantwortlich für das, was ich heute bin, und bestimmen mein Umfeld.

Wir können uns den Auswirkungen dessen, was wir in der Vergangenheit verursacht haben, nicht entziehen. In dieser Hinsicht sind wir Sklaven unseres Gestern, können aber zu Herren unseres Morgen werden.

Das Gesetz von Ursache und Wirkung bleibt auch dann aktiv, wenn wir die gegenwärtige Welt verlassen haben. In diesem Augenblick gestalten wir die Umstände und Gegebenheiten, die uns nach dem „Tode" auf der anderen Seite erwarten. Im Hier und Jetzt bauen wir unsere Wohnstatt in der jenseitigen Welt und schaffen unser dortiges Umfeld.

Mit anderen Worten, meine Gedanken und Handlungen erschaffen die Bausteine und den Mörtel, aus denen mein zukünftiges Heim erbaut werden wird. Es liegt in unserer Macht, unseren Aufenthaltsort jenseits des Schleiers gut oder schlecht vorzubereiten.

Man sollte diese Vorstellung nicht als zu weit hergeholt beiseite schieben, um sie ernsthaft zu erwägen. Gebet, konstruktives Denken und richtiges Handeln im Hier und Jetzt ermöglichen es uns, die Gabe wahrer Imagination zu nutzen und zu beginnen, für später ein hübsches Haus und einen Garten schöpferisch zu gestalten, einen Ort der Harmonie und des Lichtes, an dem wir unser Leben glücklich und dienend weiterleben können. Wir müssen lernen, die Herren des Morgen zu werden.

Ungeachtet dessen, ob sie mir zustimmen oder nicht, einer Tatsache kann man sich nicht entziehen. Das Gesetz, das menschliches Wohlergehen bestimmt, wird niemals aufhören zu wirken, da es auf Liebe und Gerechtigkeit gründet. Es kann unser bester Freund sein, wenn wir ihm gehorchen, und unser schlimmster Feind, wenn wir es missachten und seiner spotten.

Gemeinschaft und Kommunikation

Es stellt sich die Frage, wie wir jene, die uns vorübergehend zurückgelassen haben, auf ihrem Aufwärtsweg zu unterstützen vermögen.

Schließlich wird es nicht lange dauern, bis auch wir denselben Problemen und Versuchungen gegenüberstehen. Zunächst müssen wir lernen, diejenigen, deren Rückkehr auf die Erde wir sehnlichst wünschen, um sie zu sehen und zu spüren, gedanklich nicht festzuhalten. Wir sollten Gemeinschaft mit ihnen anstreben, aber nicht die Kommunikation suchen. Unter Gemeinschaft verstehe ich die Fähigkeit, das Bewusstsein bis zu einem Punkt zu erheben, an dem der Geist dem Geist begegnet, ohne den geliebten Menschen in die Erdsphäre zurückzuziehen. Die „Gemeinschaft der Heiligen" ist keine leere Redensart. Es ist eine Gemeinschaft, die auch wir erreichen können, obwohl wir noch nicht die Eigenschaften eines Heiligen besitzen. Unter Gemeinschaft versteht man eine Kommunikationsform, die keiner Worte bedarf und dennoch in sich selbst zufriedenstellend ist. Dieser unmittelbare Kontakt zwischen Geist und Geist bedarf keines Vermittlers. Auch bei den in diesem Buch wiedergegebenen Erlebnissen gab es keine vermittelnde dritte Kraft. Es handelt sich um einen rein natürlichen und geistigen Vorgang.

Der Universalgeist, in dem alle Lebewesen ihr Sein haben, muss nicht willkürlich in einzelne, voneinander getrennte Zellen geteilt werden. In diesem Geist, unserer ewigen Heimat, können wir uns frei bewegen, auch wenn uns die Fesseln des Fleisches noch einzuengen scheinen.

Gebet und Stille sind der sicherste Weg, mit Heiligen und Engeln Zwiesprache zu halten, desgleichen mit jenen, die bereits aus diesem Leben geschieden sind und mit denen uns ein starkes und dauerhaftes Band der Liebe verbindet. Dieses Ideal sollten wir uns vor Augen halten. Künstlich herbeigeführte Kommunikationsformen hemmen und verzögern den Aufstieg derer, die nicht mehr unter uns weilen. Worte vermögen derartige übersinnliche Vorgänge nicht verständlich oder im Hier und Jetzt verwendbar zu machen. Bei der Offenbarung handelt es sich um einen inneren Prozess, zu dem niemand durch Bücher, Menschen oder andere äußere Quellen Zugang findet.

„Die Schleier müssen auf natürliche und geistige Weise von Herz und Geist durchdrungen werden, nicht durch Anwendung von Magie, Ritual oder Trance." (Der Soldat Dowding)

Kapitel VI

Das Rätsel des Geschlechtes

Ich wende mich nun einem Thema zu, mit dem ich heiklen Boden betrete. Zunächst möchte ich klarstellen, dass ich keinen Anspruch auf Autorität erhebe und für meine dargelegten Ansichten weder Anerkennung noch Ablehnung erwarte. Auf geistigem Gebiet sind wir alle Neulinge und können bestenfalls hoffen, als Durchlassgefäß zu dienen, durch das ein Schimmer der Einsicht strahlen darf.

Gewisse Ähnlichkeiten zwischen dem Vorgang der Geburt in die irdische Welt und in die nächste höhere Welt habe ich bereits angesprochen. Unter dem Begriff „Zeugung" verstehen viele Menschen, dass die körperliche Vereinigung von Mann und Frau ein neues Leben hervorzubringen vermag, ein vollkommen reines Wesen, das zum ersten Mal ins Dasein tritt. Dass sich Geist, Seele und Verstand eines Neugeborenen bereits einer früheren Existenz erfreut haben, ist für viele Eltern unakzeptabel, da sie davon ausgehen, dass sie allein für diesen schöpferischen Akt verantwortlich sind. Wer eingehender darüber nachdenkt, wird die Wahrheit erkennen, dass Gott der alleinige Schöpfer ist und die Männer und Frauen, die Er erschaffen hat, zwar fähig sind, die stoffliche Form zu reproduzieren, nicht aber durch geschlechtliche Vereinigung das Leben und die Intelligenz zu erschaffen vermögen, die diese Form beseelt.

Viel zu viele Eltern betrachten die Kinder, die sie in die Welt setzen, als ihr persönliches Eigentum und kaum wertvoller als ihre übrige Habe, anstatt in ihnen ein anvertrautes Gut zu sehen. „Mein Kind gehört mir und meinem Mann und sonst niemandem." Diese und ähnliche Äußerungen hört man immer wieder. Obwohl eine solche Einstellung nicht wörtlich gemeint sein mag, sollten die sich daraus ergebenden Folgen nicht einfach als Gedankenlosigkeit abgetan werden.

In der heutigen Zeit betrachtet nur noch eine Minderheit die Eheschließung als ein göttliches Sakrament, einen geweihten Bund gegenseitiger Kameradschaft, der dem Zweck dient, vorherbestimmte und für die Entwicklung der Menschheit bedeutungsvolle Aufgaben zu erfüllen, was auf äußerer Ebene zur Empfängnis führen mag oder nicht. Für manche bedeutet die Trauung, sei sie in der Kirche oder auf dem Standesamt, lediglich die Legalisierung ihres Geschlechtsverkehrs, einen anderen und wesentlicheren Aspekt sehen sie nicht darin. Diese Behauptung mag übertrieben klingen, dennoch enthält sie gewiss ein Körnchen Wahrheit. Es grenzt an Gotteslästerung, wenn man die Aufgabe, einer unsterblichen Seele, die auf den Eintritt in diese Welt wartet, um bestimmte Ziele zu verwirklichen, eine angemessene Form bereitzustellen, auf die leichte Schulter nimmt. Der Geschlechtsverkehr wird nur allzu häufig als vorübergehendes angenehmes Vergnügen betrachtet, der sich selbst genügt, was dazu führt, dass viele Kinder die irdische Welt rein zufällig, weniger auf Wunsch betreten. Welchem Zweck kann es dienen, diese allen geläufigen Tatsachen anzusprechen? Die Betrachtung der tieferen Aspekte mag sich als sinnvoll erweisen, und wenn sie nur dazu dient, einigen wenigen, die es betrifft, die Möglichkeit zu bieten, innezuhalten und darüber nachzusinnen.

Wenn beim Geschlechtsverkehr, ungeachtet dessen, ob er beiläufig oder bewusst vollzogen wird, die männlichen und weiblichen Lebenskeime miteinander verschmelzen, werden bestimmte Ätherkräfte freigesetzt, die ein natürliches Eigenleben besitzen. Dabei spielt es keine Rolle, ob eine Zeugung stattfindet oder nicht. Eine solche Energie freizusetzen, nur um das sexuelle Verlangen zu befriedigen, das als natürlich und erwünscht angesehen wird, kann niemals die Erfüllung des göttlichen Gesetzes sein. Selbst auf menschlicher Ebene ist die Freisetzung einer Kraft, die einen Samen zu säen vermag, der durch die Alchemie der Natur zur menschlichen Behausung werden kann, etwas Heiliges. Worte vermögen die sichtbaren und unsichtbaren Auswirkungen des Geschlechtsaktes, die sich keineswegs auf die beiden Beteiligten beschränken, nicht zu erklären. Sie strahlen in alle Richtungen aus. Obgleich äußerlich nicht in messbarer Weise sichtbar, wird der Einfluss zum Positiven oder Negativen nicht gemindert. Bei jeder sexuellen Vereinigung, die rein sinnlich und nicht als heiliger Akt vollzogen wird, können die frei werdenden Energien nicht zum Segen gereichen und unter Umständen weitreichenden Schaden anrichten. Wahrscheinlich werden nur wenige Leser diese Behauptung ernst nehmen und die Schlussfolgerungen für allzu weit hergeholt halten, da sie die menschliche Schwäche nicht mit in Betracht ziehen. Es ist müßig, sich darüber zu streiten, da Worte keine annehmbare Erklärung des Gesagten zulassen.

Die Voraussetzungen und Gründe für die Erläuterung meiner Ansicht könnten ein ganzes Buch füllen, denn es handelt sich um ein Thema, das sich nicht von Mensch zu Mensch verständlich machen lässt. Wissen und Verständnis müssen intuitiv erfasst werden, vorausgesetzt man ist bereit, sie aufzunehmen und entsprechend zu handeln. Von spekulativen Höhen auf die Ebene der Fortpflanzung hinunterzusteigen, erweist sich als ein Problem, das ernsthaft angegangen werden muss.

Ist es nicht seltsam, dass die Menschen der Aufzucht von Nutz- und Lieblingstieren mehr Zeit und Sorgfalt widmen als der Fortpflanzung ihrer eigenen Spezies? Wie können wir erwarten, reine und hochentwickelte Seelen zur Inkarnation zu bewegen, deren Gegenwart in unserer Mitte ein großer Segen für uns wäre, wenn wir nicht bereit sind, ihnen einen Körper zur Verfügung zu stellen, der unter den bestmöglichen physischen, psychischen und mentalen Bedingungen gezeugt wurde? Mit dieser Fragestellung möchte ich das Thema auf sich beruhen lassen und Ihren Überlegungen anheimstellen. Ich bedauere nur, dass ich es nicht überzeugender und erschöpfender darzulegen vermochte.

Kapitel VII

Die Einstellung des Skeptikers

Die wesentlichen Aufzeichnungen für dieses Buch wurden vor seiner Veröffentlichung einem befreundeten Wissenschaftler vorgelegt, der sich in Angelegenheiten dieser Art als „ehrlichen, aber aufgeschlossenen Skeptiker“ bezeichnet, eine Aussage, die in sich selbst widersprüchlich zu sein scheint. Zusammengefasst, könnte seine Haltung lauten: „Ich nähere mich allen Phänomenen, die der wissenschaftlichen Beweisführung entbehren, mit Neugier und einem beträchtlichen Maß an Argwohn.“ Kürzlich prüfte dieser Wissenschaftler genau und objektiv, wie er es beschrieb, das bisher vorliegende Beweismaterial bezüglich der „fliegenden Untertassen“. Sein Urteil lautete: „Nicht bewiesen.“

Ich bat meinen Freund, mir unumwunden seine Meinung zu den Erfahrungen mitzuteilen, von denen ich Ihnen berichten werde. Ich dachte, es wäre interessant zu wissen, ob es irgendeine Gemeinsamkeit in seiner und meiner Sichtweise geben könnte. Mit der Bitte, anonym zu bleiben, schrieb er:

„Ihre Aufzeichnungen habe ich mit Interesse und einer gewissen Belustigung gelesen. Danke, dass ich sie lesen durfte. Die Reichweite ihrer Erfahrungen ist durchaus beachtlich, aber ich konnte keine beweisbaren Anhaltspunkte darin finden. Ehrlich gesagt, muten einige Ihrer Erzählungen so unglaublich an, dass es sich bei Ihrem Buch eher um einen Roman als um einen ernsthaften Beitrag handelt, das Wissen der Menschen zu bereichern. Sie scheinen sich jeder Gelegenheit zu entziehen, Ihre Kenntnisse in das vielseitige Feld der Phänomene einzuordnen, die als solche wissenschaftlich bereits anerkannt sind. Aus diesem Grunde bin ich nicht in der Lage, Ihnen brauchbare Kommentare zu bieten."

Ich bedankte mich für seine Meinung und schrieb, ich hätte vor Gericht als Ankläger gegen mich selbst wohl überzeugender und logischer argumentieren können. Ich hoffte, ihn auf diese Weise hervorzulocken, um eventuell doch noch eine gemeinsame Basis zu finden. Er hat sich bislang nicht mehr gemeldet, was ich sehr bedauere.

Betrachten wir seine Aussage. Interessant ist die Forderung nach „wissenschaftlichen Beweisen". Diese Bedingung knüpft er wohl an alle Phänomene, die den wissenschaftlichen und physikalischen Gesetzen unterworfen sind, sofern sie bekannt und *gegenwärtig* allgemein anerkannt sind. Meiner Meinung nach gelten diese Gesetze ausschließlich für unsere dreidimensionale materielle Welt. Sollte dies nicht zutreffen, lasse ich mich gerne belehren.

Es fragt sich, inwieweit die physikalischen Gesetze auf die geistigen Erfahrungen des Menschen anwendbar sind. Die Regeln der heute bekannten wissenschaftlichen Gesetze lassen sich wohl kaum sinnvoll auf den in diesem Buch behandelten Themenbereich anwenden. Unserem augenblicklichen Kenntnisstand zufolge gibt es keine Maßeinheit, mit der die Beziehung zwischen der materiellen und der geistigen Welt gemessen werden könnte. Aber auch in diesem Falle lasse ich mich gerne korrigieren. Wäre mein Freund auf seinem eigenen Gebiet nicht so bewandert, würde ich behaupten, die Bezeichnung „unglaubhaft" sei unwissenschaftlich. Für die orthodoxen Denker ihrer Zeit schien jede Neuentdeckung unglaubhaft zu sein. Als Beispiel aus jüngster Zeit könnte man die Art und Weise anführen, in der Einstein von seinen wissenschaftlichen Kollegen angeprangert wurde, als er seine umwälzenden Entdeckungen vorlegte. Sollte man den Begriff „unglaubhaft" nicht aus dem wissenschaftlichen Lexikon streichen?

Im Weiteren vergleicht mein Freund das, was ich geschrieben habe, mit einem „Roman". Bevor er diesen Vergleich zog, hätte er besser eine Weile innegehalten und still darüber nachgedacht.

Gerade in der heutigen Zeit beweist es sich, dass das, was einst als Fiktion galt, unverhofft Wirklichkeit wird. Aufgeschlossene Wissenschaftler stimmen gewiss zu, dass sich zwischen Fakten und Fiktion keine Trennungslinie ziehen lässt. Allein in diesem Sinne möchte ich den Begriff Fiktion in Bezug auf meine Darlegungen verstanden wissen.

Mein freundlicher Kritiker gibt weiterhin zu verstehen, dass ich mich nicht darum bemüht hätte, meine „Kenntnisse in das vielseitige Feld der Phänomene einzuordnen, die als solche wissenschaftlich bereits anerkannt sind". Eine äußerst erstaunliche Feststellung! Die Verwendung des Wortes „heute" untergräbt meines Erachtens den Wert dessen, was ich in meinem Fall ohnehin als unwissenschaftliche und inkorrekte Behauptung bezeichnen möchte.

Menschliches Wissen entwickelt und erweitert sich fortlaufend. Das Unglaubhafte von gestern verwandelt sich in die Tatsache von heute. Den Begriff „Tatsache" verwende ich hier im gleichen Sinne wie mein Kritiker. Außerdem darf man nicht vergessen, dass sogenannte wissenschaftliche Tatsachen von gestern inzwischen in die Welt der Fiktion verbannt worden sind. Basierend auf seinen Begründungen, sieht sich mein Kritiker nicht in der Lage, einen „brauchbaren Kommentar zu geben". Seinen Vorwurf auszuweichen, kann ich ihm durchaus zurückgeben.

Um diejenigen, die, wie mein Freund, die Gültigkeit meiner Ansichten und Erfahrungen in Frage stellen, zu beschwichtigen, möchte ich nochmals betonen, dass ich kein Propagandist bin und nach einem „schuldig" oder „nicht schuldig" hinsichtlich der Wahrheit oder Unwahrheit meiner Berichte trachte. Es überraschte mich, wenn ihre Wahrheit nach dem gegenwärtigen Forschungsstand von der heutigen materialistischen Wissenschaft anerkannt würde. Ich gehe sogar so weit, einzugestehen, dass ich selbst Zweifel hege, ob das, was heute als Tatsache gilt, und das, was allgemeinhin als Fiktion betrachtet wird, eindeutig voneinander zu trennen ist. Der Gang der Zeit ist auf Seiten derer, die in ihrem Inneren ehrlich und ohne Vorurteile nach Wahrheit suchen.

Der verschlossene Geist

Ein alarmierendes Zeichen der heutigen Zeit ist die wachsende Überzeugung, dass der menschliche Verstand in seiner sogenannten Hochform durchaus genügt, um Leben und Handeln zu leiten.

Vor einigen Jahren habe ich die in Radio und Fernsehen so beliebten *Brain Trust Programme* verfolgt. Die Teilnehmer dieser anregenden Diskussionen werden zuvor sorgfältig aus den Bereichen Wissenschaft, Erziehungswesen und Literatur ausgewählt. Auf diese Weise haben Millionen von Zuschauern und Hörern gleichzeitig Zugang zu den Spitzen gelehrten Denkens. Gewöhnlich handelt es sich dabei um eine brillante Zurschaustellung des maßlos stolzen Menschenverstandes in seiner Selbstgenügsamkeit.

Verallgemeinerungen sind gefährlich. Ich entschuldige mich bei denjenigen, auf die diese Kritik nicht zutrifft. Man fragt sich, ob sich die Veranstalter dieser Programme ihrer Verantwortung gegenüber der Öffentlichkeit, die ihre eigene Stellungnahme nicht zu äußern vermag, überhaupt bewusst sind. Gelegentlich werden Themen behandelt, die sich auf ein Fortleben des Menschen, religiöse Überzeugungen oder ganz allgemein auf „Jenseitsfragen" beziehen. Bei diesen Gelegenheiten gefriert die Atmosphäre. Man zieht die Fühler ein. Noch überraschender zeigt sich die Tatsache, dass sich die Mehrheit (vorsichtig geäußert) der Sprecher ihres Unglaubens an eine Fortsetzung menschlicher Existenz jenseits des Erdendaseins brüstet. Einige der brillantesten Köpfe scheinen stolz darauf zu sein, sich Agnostiker zu nennen und ihren Verstand nicht von irgendeiner Religion „anketten" lassen. Hierzu möchte ich folgenden Fall schildern.

Vor kurzem wurden einige hervorragende Denker gebeten, die Beziehung zwischen Tatsache und Illusion zu erörtern. Es mangelte an dem ernsthaften Versuch, die eigentliche Bedeutung dieser Begriffe zu definieren oder überhaupt in Erwägung zu ziehen, dass es dem Verstand unmöglich ist, zwischen beiden unterscheiden zu können. Wie bereits erwähnt, wurde so manches von der einen

Generation als sogenannte Tatsache anerkannt und von der nächsten in das Reich der Fabel verwiesen oder umgekehrt. In fast allen Bereichen menschlichen Wissens verändern Fakten und Fiktion ihren Stellenwert mit verblüffender Geschwindigkeit.

Jeder, der sich beispielsweise ernsthaft mit der Geschichte der Physik befasst, wird sich gezwungen sehen, dieser Behauptung zuzustimmen. Gegenwärtig leben wir im sogenannten Zeitalter des Materialismus, in dem Erfahrungen, die nicht mit dem Intellekt erfassbar sind, mit verächtlicher Skepsis betrachtet werden. Auch dies ist eine Verallgemeinerung, die sorgfältig betrachtet werden sollte, obgleich sie ein wesentliches Element der Wahrheit enthält. Dogmatismus in Bezug auf geistige Dinge kann ebenso gefährlich sein wie der Glaube an die Unfehlbarkeit menschlicher Logik.

Im Laufe jener Diskussion stellte einer der Redner, zweifellos eine Person von intellektuellem Rang, eine solch seltsame Behauptung auf, dass ich mich eines Kommentars nicht enthalten kann. Während er der geläufigen Definition der Illusion als das Gegenteil von „Tatsache“ und somit „unwahr“ zustimmte, vertrat er die Ansicht, dass Illusionen wertvoll und für das Glück und den inneren Frieden notwendig seien. Als man dies infrage stellte, berief er sich als Beispiel auf die Tatsache, dass die Schöpfungsgeschichte und andere Berichte in den jüdischen und christlichen Schriften illusorisch und unwahr seien. Dennoch empfinde er keinerlei Inkonsequenz darin zu akzeptieren, was er als falsch und unlogisch erkannt habe. Zwei der anderen Redner widersprachen ihm umgehend und betonten, dass für sie nichts wahr sein könne, was logisches Denken und der gesunde Menschenverstand nicht zu beweisen vermöchten.

Vernunft und gesunder Menschenverstand? Dieser hochgeachteten Schlagwörter bedienen sich jene, die vorbehaltlos auf die vielgerühmte Fähigkeit des menschlichen Tieres bauen, genau ermessen zu können, was „wahr“ und was „unwahr“ ist. Mehr als einmal habe ich gehört: „Das moderne Denken ist der Notwendigkeit entwachsen, an Gott und ein Leben nach dem Tod zu glauben.“ Der Stolz auf die Unabhängigkeit des Intellekts könnte nicht deutlicher zum Ausdruck kommen.

Gelegentlich habe ich privat den einen oder anderen intellektuellen Giganten und Vorkämpfer moderner Denkweise herausgefordert, indem ich ihn darauf aufmerksam gemacht habe, dass er nach meinem Dafürhalten unter geistiger Enge leide. Damit hatte ich Öl ins Feuer gegossen. Man beteuerte mir, dass dies keinesfalls zuträfe und meine Kritik nicht nur ungerecht, sondern auch falsch sei. Entgegen meiner sonstigen Gewohnheit, erzählte ich dann eines meiner Erlebnisse in der „anderen Welt". Es war interessant zu beobachten, wie sich der Geist meines Zuhörers unvermittelt zu verschließen begann und selbst den leisesten Zweifel abwehrte, um seine Urteilskraft nicht zu trüben. „Was gehen mich die Hirngespinste eines Geisteskranken an?" Dieser Gedanke wurde zwar nicht laut geäußert, war aber deutlich sichtbar.

Es ist beunruhigend, dass sich unser modernes Erziehungssystem weitgehend auf Männer und Frauen stützt, deren Geist in dieser Weise verschlossen zu sein scheint.

Der Einfluss wissenschaftlichen Denkens und Urteilens lässt der Religion und ihren Anliegen kaum Spielraum. Die Vernunft dominiert den Glauben in einer Weise, dass dieser nur noch als Spielzeug für die Schwachen und Gedankenlosen gilt. Ich beziehe mich hier auf eine subtile, aber um sich greifende Tendenz, die gegenwärtig einen starken Einfluss auf die Jugend ausübt. Wie entsetzt müssen die Gefangenen ihres eigenen Verstandes sein, wenn sie sich eines Tages nackt außerhalb ihres Gefängnisses wiederfinden! Dieser Zeitpunkt wird für jeden von uns kommen. Niemand vermag ihm zu entrinnen. Das Fegefeuer kann für viele zur schrecklichen Erfahrung werden, wenn sie während ihres irdischen Daseins jene Geisteshaltung beibehalten. Weisen Sie meine Worte nicht unbedacht zurück, selbst wenn sie übertrieben klingen mögen, um einer wesentlichen Wahrheit Nachdruck verleihen zu können. Ein kleines Kind, das erkennt, dass es „aus sich selbst heraus nichts vermag", steht dem Himmel näher als jene, die versichern, „alles von

Wert selbst (ohne Hilfe) bewerkstelligen und wissen zu können". Leider lassen viele führende Persönlichkeiten unserer Zivilisation die Tugend der Bescheidenheit vermissen.

Der Gedanke, dass „ein kleines Kind sie führen sollte", wird nur allzu oft als Widerspruch zu Vernunft und gesundem Menschenverstand von der Hand gewiesen.

Diese Äußerung wird man mir wohl als genau den Dogmatismus vorhalten, den ich selbst so beklage, und mir vorwerfen, den Wert menschlicher Intelligenz, der sich in vielen Lebens- und Tätigkeitsbereichen zeigt, zu unterschätzen. Wie schwierig ist es doch, etwas darzulegen, ohne in oberflächliche und ungerechte Verallgemeinerungen zu fallen. Ich habe lediglich auf die Tendenz hingewiesen, der Unfehlbarkeit jener Art von Argumentation Glauben zu schenken, die in diesen sogenannten fortschrittlichen Zeiten ein nahezu gottähnliches Ausmaß angenommen hat. Glücklicherweise gibt es auch einen anderen, einen inspirierenden Aspekt dieses Bildes.

Ein „verschlossener Geist" kann sich öffnen. Es mag die Erkenntnis erwachen, dass die Fähigkeiten des Gehirns Grenzen unterworfen sind und nicht als unfehlbare, zum Verständnis beitragende Instrumente betrachtet werden dürfen. Bereits zu meiner Zeit hat sich die eindeutige Tendenz zu größerer geistiger Aufgeschlossenheit bemerkbar gemacht, eine Tendenz, die mit der Zeit selbst die unbeugsamsten Verfechter der materiellen Sichtweise erreichen und beeinflussen sollte. Vor einem halben Jahrhundert wären die Ereignisse, von denen ich berichte, teilweise als Fiktion zurückgewiesen worden, während es heute Zeichen der Bereitschaft gibt, zu versuchen, Gedankengänge, die man vielleicht nicht begreift, anzuhören und nachzuvollziehen. Jemand hat einmal gesagt, dass die Verrückten einer Generation die Weisen der nächsten werden, was die Geschichte zum Teil bestätigt. In diesem Zusammenhang hat Shakespeare in einem seiner weisesten Sprüche die Wahrheit geäußert. Ich glaube, er war ein bescheidener Mensch, ein Genie, das die Grenzen des Intellekts durchaus erkannte.

Dafür, dass die Menschheit heute an einem Punkt steht, an dem sie mit einem Knopfdruck über Nacht ausgelöscht werden kann, trägt der „verschlossene Geist“ weitgehend die Verantwortung. Genau betrachtet, ist dies keinesfalls übertrieben. Der intellektuelle Stolz hat sicherlich dazu geführt, dass der Mensch sich anmaßt, in die fundamentalen Naturprozesse und in den kosmischen Rhythmus unseres Planeten einzugreifen, von denen alles abhängt. Kürzlich sprach ich mit einem führenden Atomwissenschaftler über dieses Problem. Zu meiner großen Überraschung vertrat er eine Ansicht, die ich aus dieser Ecke nicht erwartet hätte. Er möchte namentlich nicht genannt werden, denn bedeutende Männer sind oft eifersüchtiger auf ihren Ruf bedacht als der einfache Sterbliche. Das Atomproblem sah er folgendermaßen:

„Wir spielen mit Kräften, die wir weder beherrschen noch verstehen. Einige sind sich darüber im Klaren, dass wir dabei sind, Energien freizusetzen, die Macht über uns ausüben könnten. Es ist zu spät, umzukehren und einen anderen Weg zu beschreiten. Wir müssen weitermachen. Ich hoffe nur, dass wir in der Lage sein werden, Mittel und Wege zu finden, um die Energien, die wir entfesselt haben, zu zügeln und anfangen zu begreifen, was und warum wir es getan haben. Es bleibt uns nichts anderes übrig als weiterzumachen, jederzeit bereit, alle Konsequenzen zu tragen.“

Ich fragte diesen berühmten Gelehrten, ob es angesichts solch verheerender Aussichten für die Menschheit nicht an der Zeit sei, geistige Führung zu suchen. Er blickte mich eine Weile verständnislos und überrascht an und meinte leidenschaftlich und ehrlich: „Um Gotteswillen, zeigen Sie uns wie!“

(Es ist seltsam, wie oft jene, die sich Atheisten nennen, angesichts Problemen oder Krisen, die ihren Verstand übersteigen, den Namen Gottes anrufen.)

Die allmähliche Öffnung eines Geistes, der sich der Betrachtung übersinnlicher Wirklichkeiten bislang verschlossen hat, ist wundervoll zu beobachten.

Als ich das Gebet als einen der sichersten Wege zum Verständnis erwähnte, lehnte er diesen Vorschlag nicht kurzerhand ab. Er meinte nur, dass die Fähigkeit zu einem richtigen und erfolgreichen Gebet von einer Gesetzmäßigkeit abhinge, die jenseits wissenschaftlicher Erkenntnis läge. Vielleicht (dachte er) sei es ebenso gefährlich, sich auf diese unbekannten Gesetze einzulassen, wie auf den Missbrauch der Natur. Er war nachdenklich geworden. Ich versprach, ihm eine Ausgabe dieses Buches zukommen zu lassen, ehe ich ihn verließ.

Kapitel VIII

Geistiges Heilen

Das gegenwärtig wiedererwachende Interesse am geistigen Heilen sollte dankbar begrüßt werden. Als das Christentum im vierten Jahrhundert zur Staatsreligion erhoben wurde, gerieten die erfolgreichen Heilmethoden Jesu in Verruf. In Großbritannien und Amerika beginnen sich Kirchenorganisationen darauf zu besinnen, dass sie ihrer diesbezüglichen Verantwortung nicht nachgekommen sind. In den vergangenen fünfzig Jahren sind inzwischen zahlreiche Organisationen außerhalb der orthodoxen Kirchen entstanden. Die größte und erfolgreichste dieser Sekten ist die *Christian Science Bewegung*, die heute überall auf der Welt ihre eigenen Kirchen und Gemeinschaften besitzt.

Die Heilmethode dieser Bewegung beruht ausschließlich auf dem Gebet, verbunden mit mentalen Affirmationen. Die Mehrzahl der übrigen Organisationen, die zum Zwecke der Heilung entstanden, unterscheidet sich in einem wesentlichen Punkt. Das von ihnen praktizierte „geistige Heilen" stützt sich nicht nur auf die Mentalkräfte, sondern bedient sich ebenfalls äußerer Hilfsmittel, wie Handauflegen oder der Zusammenarbeit mit der Schulmedizin. Außerdem kommen übersinnliche Diagnose-Methoden und „Geistheiler" zum Einsatz. Der Erfolg dieser Entwicklung zeigt sich an dem wachsenden Interesse der Ärzte an nicht-medizinischen Heilmethoden.

Die gewaltige Macht des Geistes über die Materie, eine Tatsache, über die noch vor einem halben Jahrhundert gespottet wurde, wird jetzt in allen Bereichen der Heilkunst anerkannt. Es hat sich gezeigt, dass bestimmte Menschen natürliche Heilkräfte besitzen, die über die Hände und manchmal allein durch die Anwesenheit des Heilers am Bett des Kranken übertragen werden können.

Man darf wohl davon ausgehen, dass wir alle mehr oder weniger die Fähigkeit besitzen zu heilen. Ebenso wie die Gabe des Hellsehens mittels Übung und Disziplin geweckt werden kann, lässt sich die Kraft, seelische und körperliche Krankheiten auf „spirituellem" Wege zu heilen, entwickeln. Offensichtlich beginnt der Mensch erst, aus dem spirituellen, geistigen und seelischen Kraftreservoir zu schöpfen, das ihm zu eigen ist. Jeder von uns trägt den Christus-Geist in sich, der nur darauf wartet, geweckt und eingesetzt zu werden. Warum zögern wir, unser ungeheures geistiges Erbe anzutreten?

Es wäre sinnvoll, sich die uralten Weisheiten in Bezug auf das Heilen ins Gedächtnis zu rufen.

Pythagoras sagte, dass die göttlichste Kunst die des Heilens sei. Und wenn die Heilkunst die göttlichste ist, so muss sie sich sowohl mit der Seele als auch mit dem Körper befassen, denn kein Geschöpf vermag gesund zu sein, solange sein höherer Teil krank ist.

Apollonius von Tyana (97 v. Chr.)

Der Arzt sollte den unsichtbaren Menschen ebenso gut kennen wie den sichtbaren.... Es besteht ein großer Unterschied zwischen der Kraft, welche die unsichtbare Ursache von Krankheiten beseitigt, und jener, die nur ihre äußeren Symptome zum Verschwinden bringt.

Paracelsus „Paragranum" (1493-1541)

Wenn sich mehrere Heilkundige anbieten, das heißt, einer, der mit dem Messer heilt, einer, der mit Kräutern heilt, und einer, der durch das heilige Wort heilt, so ist es dieser, der am besten die Krankheit aus dem Körper des Gläubigen vertreiben wird.

Zend Avesta (um 1000-400 v. Chr.)

„Wunderheilungen"
(Abdul Baha Abbas)

Mir wurde das große Glück zuteil, zwei frommen Männern zu begegnen, deren Fähigkeit zu heilen mir fast ebenso wunderbar erschien wie die von Jesus selbst.

Den persischen Seher Abdul Baha Abbas, einen Propheten unserer Zeit, dessen Vater, Baha Ullah, vor hundert Jahren den Bahai-Glauben begründete, habe ich bereits erwähnt. Diese große Bewegung ging zuerst aus der muslimischen Welt hervor. Inzwischen übt sie überall auf der Welt einen läuternden und erneuernden Einfluss aus. Eines der großen Ziele, das den Bahai-Glauben beflügelt, besteht darin, Einheit und Brüderlichkeit unter allen Religionen herbeizuführen und einen Weltglauben entstehen zu lassen, der die gesamte Menschheit umfasst. Abdul Baha und seine Familie verbrachten über vierzig Jahre in türkischer Gefangenschaft, zunächst in Adrianopel und später in der befestigten Stadt Acca an der palästinensischen Küste. Sein Vater starb dort im Jahre 1892. Erst die junge türkische Revolution von 1908 verhalf Abdul Baha und seiner Familie zur Freiheit. Sie hatten keine Straftat begangen, aber ihre Bewegung wurde von den muslimischen Fanatikern in Persien so sehr gefürchtet, dass es der Obrigkeit in Teheran gelang, den berüchtigten türkischen Machthaber Sultan Abdul Hamid zu veranlassen, auf diese barbarische Weise gegen ihn vorzugehen. Immer wieder nahmen es ergebene Anhänger auf sich, auf Mauleseln oder zu Fuß den langen Weg von Persien nach Acca zurückzulegen, allein um den Segen des Meisters zu empfangen, der nur durch Gefängnisgitter erteilt werden konnte. Trotz der weiten Reise brachte man Kranke und Gelähmte und trug sie zu einer Stelle am Meeresufer, von der aus man das zur Seeseite gelegene Gefängnisfenster sehen und einen flüchtigen Blick auf den Meister erhaschen konnte.

Obgleich niemals persönlich zugegen, konnte ich mich davon

überzeugen, dass sich zahlreiche ungewöhnliche Heilungen, selbst sogenannter unheilbar Kranker, allein aufgrund dieser gläubigen Pilgerreisen ereigneten.

Man trug die Patienten auf einen kleinen Felsen im Meer, von dem aus man das Fenster, hinter dem Abdul Baha stand und seinen Segen spendete, sehen konnte. Ich habe mit einem von ihnen gesprochen, der auf diese Weise vollständig gesundete. Stumm und gelähmt, war er zwanzig Jahre lang bettlägerig gewesen. Seine Söhne hatten ihn auf einer Bahre über Landstraßen und Maultierpfade von Täbris bis Acca getragen. Er erzählte mir, dass er neues Leben durch seinen Körper rieseln fühlte, als er den geliebten Meister hinter den Gefängnisgittern stehen und die Hand zum Segen erheben sah. (Man bedenke die Entfernung zwischen dem Felsen und der Gefängnismauer, die mehr als fünfzig Meter betrug.) Während er den Segen empfing, geschah die Heilung innerhalb weniger Minuten. Der Mann vermochte wieder zu sprechen, stand auf und trug seine eigene Bahre zum Strand zurück. Als ich ihm wenige Jahre später begegnete, erzählte er mir von dieser Heilung. Einer seiner Söhne, der sie miterlebt hatte, versicherte mir, dass jede Einzelheit zutraf.

Nach seiner Freilassung, im Jahre 1908, lebte Abdul Baha an den Hängen des Berges Karmel in Haifa, wo ich ihn häufig besuchte. In späteren Jahren durfte ich ihn zweimal als meinen verehrten Gast in England empfangen.

Im April 1910 besuchte ich Abdul Baha in Alexandrien, wo er sich gerade aufhielt. Seine englischen Freunde hatten mir Geschenke für ihn mitgegeben. Von Marseille aus war ich mit einem Dampfer namens „Sphinx" gereist und beabsichtigte, zu Land über Damaskus, Smyrna, Konstantinopel und Wien nach England zurückzukehren. Meine Rückfahrt und die Platzreservierungen waren bereits von London aus gebucht worden. Nach meiner Ankunft in Alexandrien besuchte ich unverzüglich den verehrten Freund, um meinen Auftrag auszuführen. Ich bin der persischen Sprache unkundig, und meine Arabisch-Kenntnisse halten sich in Grenzen.

Aus diesem Grunde wohnte der Enkel von Abdul Baha unserer Unterhaltung bei, um zu dolmetschen. Im Laufe des Gespräches wurde er nach draußen gerufen. Abdul Baha setzte die Unterhaltung fort, und mir wurde bewusst, dass ich ihm antwortete. Nachdem der Dolmetscher zurückgekehrt war, verlor sich diese Fähigkeit wieder. Um sicher zu gehen, alles richtig verstanden zu haben, bat ich ihn, das, was Abdul Baha unterdessen gesagt hatte, zu übersetzen. Der Übersetzung entnahm ich, dass es mir tatsächlich möglich gewesen war, eine Sprache zu sprechen und zu verstehen, die ich nicht kannte. (Als ich einige Jahre später Abdul Baha in Paris besuchte, wiederholte sich diese seltsame Erfahrung.)

Am folgenden Tag suchte ich Abdul Baha erneut auf und bat um seinen Segen für meine Rückreise. Er gab ihn mir und fügte beiläufig hinzu, ich solle am nächsten Tag denselben Dampfer nach Marseille nehmen, mit dem ich kürzlich angekommen war. Ich erklärte meinem Dolmetscher, dass ich andere Pläne hatte und meine gesamte Landreise bereits gebucht war. Dieser meinte, wenn der Meister mich beauftragt habe, nach Marseille zurückzukehren, werde dies auch geschehen.

Ärgerlich ging ich in mein Hotel zurück, sah aber keinen vernünftigen Grund, meine Pläne zu ändern. Ich verbrachte eine unruhige Nacht, unschlüssig, wie ich mich verhalten sollte. Als ich am nächsten Morgen Abschied nahm, teilte ich Abdul Baha zu meiner eigenen Überraschung mit, dass ich im Laufe des Tages mit der „Sphinx" nach Marseille zu fahren gedachte. Daraufhin bat er mich, bei meiner Ankunft in Paris einen Auftrag für ihn zu erledigen. Ich sollte einen persischen Studenten aufsuchen, der nahezu blind war. Er überreichte mir zehn Goldpfund, die ich ihm zur Deckung der Reisekosten aushändigen sollte. (Damals war das Reisen noch preiswert!) Der junge Mann, der Tammadun ul Molk hieß, möge keine Zeit verlieren und sich gleich nach seiner Ankunft bei seinem Meister einfinden. Ich nahm den Auftrag höchst ungern an, da er mir zu geringfügig erschien, um meine Pläne über den Haufen zu werfen. Als ich mich nach der Pariser Adresse des

Studenten erkundigte, erklärte man mir, dass diese unbekannt sei, sich aber gewiss eine Möglichkeit ergeben werde, mich mit ihm in Verbindung zu bringen.

Nach meiner Ankunft in Paris suchte ich das persische Konsulat auf und erfuhr, dass man dort einen Tammadun ul Molk nicht kannte. Daraufhin verbrachte ich einen ganzen Tag in dem Studentenviertel am linken Seine-Ufer und anderswo, um einen anscheinend wenig Erfolg versprechenden Auftrag zu erfüllen. Ist man besorgt und niedergeschlagen, kann man nicht auf innere Führung hoffen, eine Erfahrung, die ich oft in meinem Leben gemacht habe. Schließlich gab ich die Suche vorerst auf und machte mich auf den Weg zum Gare du Nord, wo mein Gepäck für die Rückreise nach England bereit stand. Als ich die Seine auf dem Pont Royale überquerte, blickte ich zufällig auf den gegenüberliegenden Gehsteig und sah inmitten der Fußgänger einen jungen Mann, offensichtlich östlicher Herkunft, der sich mit einem Stock vorwärtstastete. Ich drängte mich durch den Verkehr, sprach ihn an und erfuhr, dass er aus Persien stammte. Dann fragte ich ihn nach einem gewissen Tammadun ul Molk. Überrascht meinte er: „Der bin ich“ und fügte hinzu, er sei gerade aus Wien zurückgekehrt. Trotz dreier Operationen, die er in einer Wiener Augenklinik über sich hatte ergehen lassen müssen, hatte ihm der Professor erklärt, sein Augenlicht sei nicht mehr zu retten.

Ich übermittelte ihm Abdul Bahas Botschaft und überreichte ihm die zehn Pfund für die Fahrkarte nach Alexandrien. Die tiefe Freude, die sein Gesicht erhellte, zu sehen, wog meine Enttäuschungen und den Verzicht auf meine Europareise bei weitem auf. In Alexandrien angekommen, suchte Tammadun unverzüglich seinen Meister auf. Später erfuhr ich von jenen, die dabei gewesen waren, dass Abdul Baha ein wenig Rosenessenz in ein Glas Wasser tropfte, den jungen Mann segnete und dabei dessen Augen mit diesem Wasser einrieb. Die volle Sehkraft stellte sich augenblicklich wieder ein. Als ich Tammadun Jahre später begegnete, erfreute er sich immer noch seines uneingeschränkten Sehvermögens.

Was folgte, war nicht nur bedeutungsvoll, sondern auch lehrreich. An jenem Abend setzte ich noch spät nach England über und kam am folgenden Morgen noch gerade rechtzeitig in mein Büro, um eine äußerst kritische Situation in Bezug auf meine geschäftlichen Angelegenheiten abzuwenden. Die Änderung meiner Pläne hatte sich als verborgener Segen herausgestellt.

Den prophetischen Blick des Bahai-Führers erkannte ich noch bei zahlreichen anderen Gelegenheiten. Ich erinnere mich, dass ich ihn kurz nach dem Waffenstillstand, im November 1918, in Haifa besuchte. Ich sprach davon, dass wir für das Ende des „letzten aller Kriege" tiefe Dankbarkeit empfinden sollten. Trauer senkte sich in die Augen des Meisters. Er legte seine Hand auf meine Schulter und meinte, dass die Menschheit einer noch größeren Feuersbrunst entgegensehe. „Der Kampf wird hauptsächlich aus der Luft auf allen Kontinenten und Meeren ausgefochten werden. Niemand wird siegen. Du, mein Sohn, wirst noch leben und Zeuge dieser Tragödie sein und deine Rolle darin spielen. Nach vielen leidvollen Erfahrungen wird, dank der Güte des Allerhöchsten, tiefer Friede heraufdämmern."

Vor wenigen Jahren verließ uns Abdul Baha. Seine sterblichen Überreste ruhen auf dem Berge Karmel in einem Mausoleum, das von ergebenen Anhängern aus zahlreichen Ländern errichtet wurde.

Padre Pio

Ehe ich fortfahre, sollte ich anmerken, dass diese Aufzeichnungen ein halbes Jahrhundert umfassen und ausschließlich aus dem Gedächtnis niedergeschrieben wurden. Als meine Londoner Büros 1944 bei einem feindlichen Angriff zerstört wurden, gingen meine Tagebücher und andere wertvolle Dokumente verloren. Bei manchen Daten und historischen Einzelheiten sind mir sicherlich Fehler unterlaufen. Das Erinnerungsvermögen lässt sich nicht immer willentlich aktivieren.

Wenden wir uns einem noch lebenden sehr frommen Heiler und Visionär zu. Man mag sich fragen, warum solche heiligen Männer nicht in protestantischen Ländern auftreten. Es handelt sich um einen katholischen Priester, den man in Süditalien als Padre Pio von Pieltricena kennt und der aus einer Bauernfamilie stammt.[1] Er scheint bereits seit seiner Jugend über heilende und visionäre Kräfte verfügt zu haben. Als junger Mann wurde er Franziskanermönch und trat später in ein berühmtes Kloster ein, das unweit von Manfredonia in den Gargano Bergen liegt. Heute steht er ihm als Abt vor. Als er 1918, kurz vor dem Waffenstillstand, eines Nachts für den Frieden betete, verlor er das Bewusstsein. Am nächsten Morgen fand man ihn ohnmächtig vor dem Altar der Klosterkirche liegen, an Händen und Füßen aus den Wundmalen blutend. Dieses seltsame Phänomen musste sich während der Nacht ereignet haben.

Als ich Padre Pio vor etwa zwanzig Jahren besuchte, trat eine Bäuerin in die Sakristei. Auf den Armen trug sie ein sehr gebrechlich aussehendes siebenjähriges Mädchen. Ihr Mann folgte ihr und berichtete mir, dass das Mädchen seit seiner Geburt stumm und gelähmt sei und niemals sprechen oder gehen konnte. Das Kind war völlig abgemagert und schien bewusstlos zu sein. Padre Pio ließ eine Wolldecke auf dem Steinboden der Sakristei ausbreiten und bat die Mutter, ihr Kind darauf zu legen. Dann besprengte er die scheinbar leblose Gestalt mit Wasser und verharrte lange in stillem Gebet. Schließlich sagte er in lateinischer Sprache. „Erhebe dich und gehe." Das Kind bewegte sich, öffnete leicht seine Augen und setzte sich auf. Die Eltern lagen weinend und betend auf den Knien. Padre Pio nahm das Kind bei der Hand und brachte es vorsichtig zum Stehen. Wortlose Töne des Glücks entrangen sich den Lippen des Mädchens, und es gelang ihm, einige Schritte in die Arme der Mutter zu taumeln. Als ich sechs Monate später die Dorfschule in Monte San Angelo besuchte, sah ich dasselbe Kind gesund und munter auf dem Schulhof spielen.

Ich könnte von vielen solchen Fällen berichten. Eine Begebenheit völlig anderer Art ist mir besonders im Gedächtnis haften geblieben.

1 Pater Pio wurde inzwischen „heiliggesprochen". (Anm. d. Vlg.)

Zwischen den beiden Weltkriegen gehörte ich einer internationalen Gruppe an, die es sich zur Aufgabe gemacht hatte, das von Malaria verseuchte Sumpfland um den Lago di Lesina an der Adriaküste zu entwässern und urbar zu machen. Seit der Römerzeit wütete die schlimmste Form der Malaria in dieser Region. Es gelang uns nicht, die Bauern aus den Gargano Bergen zu bewegen, in diesem ungesunden Tal als Arbeiter und Handwerker tätig zu sein. Selbst die hohen Löhne, die wir den notleidenden Menschen anboten, zeigten keine Wirkung. Schließlich beschloss ich, Padre Pio aufzusuchen und ihn um Rat zu bitten. Er zeigte reges Interesse an unserem Vorhaben und forderte mich auf, in dem gesamten Gebiet bekanntgeben zu lassen, dass er die Arbeit und alle, die sich daran beteiligten, gesegnet habe. Innerhalb einer Woche meldeten sich über zweihundert Bergbewohner, Männer, Frauen und Kinder, und boten uns ihre Dienste an. Die einzige Unterkunft die wir ihnen damals bieten konnten, bestand aus einer Blechbaracke, in der die Mahlzeiten ausgegeben wurden, sowie Zelten als Schlafstätte. Da es an schützenden Netzen mangelte, schlugen die gefährlichen Moskitos bald zu. In mehr als achtzehn Monaten erkrankte jedoch niemand an Malaria, und unsere Arbeiter kehrten schließlich glücklich und in bester Gesundheit in ihre Berg- und Waldheimat zurück.

Padre Pio ist heute ein alter Mann, aber immer noch tätig. Man verehrt ihn zutiefst. Seltsamerweise kränkelt er selbst seit frühester Jugend. Hinzu kommen die unaufhörlichen starken Schmerzen der nicht heilenden Wundmale. Ich bin niemals einem heiligeren Mann mit solch starken Heilkräften und prophetischer Schau begegnet. Seine eigenen körperlichen Leiden zu mildern, hat er offensichtlich niemals versucht.

Kapitel IX

Der Kobold und die Lampe

Ich wende mich jetzt leichteren Dingen zu, um zu zeigen, dass man aus Erfahrungen lernen kann, die zunächst unbedeutend zu sein scheinen. Vor kurzem bemühte sich eine Freundin, für ihre Hauskapelle ein antikes „ewiges" Lämpchen zu erstehen. Vergeblich hatte sie sich bereits in London, Manchester, Brighton und anderen Städten danach umgesehen. Ich bot ihr zwar meine Hilfe an, versprach mir aber nicht viel davon. Als ich einige Tage später mit dem Bus nach Brighton fuhr, um einige Besorgungen zu erledigen, kam mir die Lampe wieder in den Sinn. Unerwartet, wie dies meistens geschieht, wurde ich mir eines winzigen Besuchers bewusst, den ich seither als „meinen kleinen dienstbaren Geist" betrachte. Dieser koboldartig aussehende, in Grün gekleidete Bursche besaß einen Gesichtsausdruck, der Humor und Intelligenz verriet. Sie werden bemerkt haben, dass ich von „bewusst werden" sprach. Hellsehen geschieht nicht über die Augen. Es geling oft sogar besser, wenn diese geschlossen sind. Zu sagen, Wesen oder Gegenstände mit dem physischen Auge zu „sehen", ist unzutreffend. Der geistige Blick ist unabhängig von Gehirn und physischer Sehkraft. Abgesehen von einigen Ausnahmen, erfolgt das „Sprechen" lautlos. Wörter, wie „fragen" oder „sprechen" dürfen demnach nicht im buchstäblichen und dreidimensionalen Sinne aufgefasst werden. Es fand folgende „Unterhaltung" statt.

Kobold: Was beunruhigt dich?

W. T. P.: Man hat mich gebeten, ein antikes ewiges Lämpchen ausfindig zu machen. Ich weiß nicht, wo ich danach suchen soll.

Kobold: Nicht zu fassen, sich über so etwas zu beunruhigen!

W. T. P.: Ich tue es aber.

Kobold: Ich könnte dir helfen. In dem Ort, zu dem du fährst, gibt es tatsächlich eine solche Lampe.

W. T. P.: Ich glaube kaum, denn dort wurde bereits in allen entsprechenden Läden danach gesucht.

Kobold: Glaubst du mir nicht?

W. T. P.: Vielleicht, wenn du mir die Adresse gibst, wo ich eine solche Lampe finden kann.

Kobold (offensichtlich gleicht gereizt): Nun gut, wenn du mir nicht glaubst, adieu. (Und weg war er.)

Kurz vor Ende der Fahrt tauchte mein kleiner Besucher wieder auf. Er schien seinen Humor wiedergewonnen zu haben.

Kobold: Ich hoffe, du bereust, dass du mir nicht vertraut hast. Du verdienst es zwar nicht, aber in dem ersten Laden, den du siehst, wenn du aus dem Bus steigst, wirst du finden, wonach du suchst.

Dann tanzte er aus meinem Blickfeld. Ohne große Hoffnung, folgte ich seinem Rat und betrat den ersten Laden, den ich sah. Es war ein modernes Juweliergeschäft. Der Verkäufer meinte, etwas Derartiges sei in ganz Brighton nicht aufzutreiben und entließ mich. In diesem Moment kam der Eigentümer nach vorne und fragte, womit er mir dienen könne. Ich wiederholte meine Nachfrage. „Ja, natürlich“, entgegnete er. „Ich habe eine solche Lampe in meinem Keller, sie aber bis heute völlig vergessen.“

Nach langem Suchen fand man die Lampe tatsächlich. Dieses schöne italienische Stück aus dem vierten Jahrhundert wurde gereinigt und repariert und leuchtet nun Tag und Nacht vor dem Altar der Hauskapelle von Adlington in Chahine.

Seither hat mein kleiner Kobold auch bei anderen Gegebenheiten seine Nützlichkeit bewiesen. Leider kann ich ihn nicht nach Belieben herbeirufen. Er besucht mich nur selten und immer unerwartet und (bisher) nur, wenn ich in Brighton oder Umgebung bin.

Der Kobold und das kleine Pferd

Ungefähr ein Jahr später hielt ich mich wieder in Brighton auf. Als ich das Hotel verließ, tanzte mein kleiner Mann vergnügt auf mich zu.

„Gehe in die Lanes und kaufe das kleine Pferd", meinte er.

W. T. P.: „Welches kleine Pferd?"

Kobold: „Egal. Tue, was ich dir sage, oder ich werde sehr ärgerlich sein!"

Widerspruchslos ging ich durch die alten engen Gassen, die sogenannten Lanes, die für ihre Kuriositäten- und Antiquitätenläden bekannt sind. Ich durchstreifte jeden Laden, ohne die Spur eines Pferdes oder irgendeines anderen Tieres zu finden. Schließlich ging ich zum nahegelegenen Postamt, gab einige Briefe auf und kaufte Briefmarken. Als ich herauskam, begegnete ich meinem kleinen Mann, der fast sprachlos vor Wut zu sein schien. „Geh zurück und tue, was ich dir gesagt habe. Ich werde deinen Blick schärfen." Ich machte mich erneut auf den Weg und suchte. Schließlich sah ich durch ein trübes Fenster auf einem der hinteren Regale so etwas wie ein kleines Holztier stehen. Ich betrat den Laden und erkundigte mich danach. Der Gegenstand entpuppte sich als ein hervorragend geschnitztes Tibet-Pony, das aus einem sehr schönen Stück Mahagoniholz herausgearbeitet wurde. Ich fragte nach dem Preis und musste feststellen, dass ich nicht genügend Geld bei mir hatte. Außerdem war er höher als erwartet.

Ich fuhr nach Hause und erzählte meiner Frau von der Begebenheit. Sie war keineswegs überrascht, denn sie kannte meine Absonderlichkeiten, sondern drängte mich, möglichst bald wieder nach Brighton zu fahren und nicht ohne das kleine Pferd zurückzukehren. Einige Tage später folgte ich ihrem Rat und kam gerade rechtzeitig. Ein Händler aus London stand bereits im Laden und bekundete großes Interesse an eben diesem Stück. Schließlich gelang es mir, dieses zu erwerben. Ich fragte nach dem Namen und der Adresse des Künstlers. Es handelte sich um einen jungen Seemann, der, ohne darin ausgebildet zu sein, in seiner Freizeit schnitzte. Später konnte ich ihm eine feste und interessante Anstellung verschaffen. Dadurch konnte er seinem Kunsthandwerk unter günstigeren Bedingungen nachgehen. Jenes kleine Pferd besitze ich nun seit mehreren Jahren. Ich habe zahlreiche verlockende Kaufangebote abgeschlagen. Warum es ausgerechnet mir gehören sollte, leuchtet mir bis heute nicht ein. Mein kleiner Kobold lehnt es ab, mir den Grund für seine Beharrlichkeit zu verraten. Vielleicht wird er sich eines Tages herausstellen.

Ich möchte meinen Lesern raten, diese Geschichten nicht allzu ernst zu nehmen. Was für mich Wirklichkeit ist, mag für andere, die nicht solche Erfahrungen gemacht haben, reine Fantasie sein. Die Grenze zwischen sogenannter Einbildung und Wirklichkeit lässt sich nicht eindeutig festlegen. Gibt es sie überhaupt? Wer vermag zu beweisen, ob das Traumleben der Wirklichkeit nicht näher steht als das Alltagstreiben?

Die Trennungslinie zwischen Realität und Imagination mag dünn sein. Es gibt zwei Arten der Imagination. Die eine besteht aus den Kapriolen und Frivolitäten des Gehirns, wenn es von Geist und Wille vorübergehend nicht beherrscht wird. Derartige Fantasien gehören meiner Ansicht nach nicht in den Bereich kreativer Imagination. Diese steht auf einer völlig anderen Stufe. Sie ist ein Geschenk des Schöpfers und sollte gehegt und respektvoll behandelt werden. Alle großen Kunstformen, wie Musik, Bildhauerei, Malerei oder Dichtung, entspringen der göttlichen Vorstellungskraft, einer schöpferischen Gabe, die Gott uns verlieh. Jede Lebensform entsteht als Urbild im Geiste des Schöpfers. Als das WORT gesprochen wurde, traten diese Kinder des Gottesgeistes in die Manifestation. Daher leben und bewegen wir uns und haben unser Sein. Niemand vermag uns dessen zu berauben. Dies ist meine feste Überzeugung, die ich nicht ausspreche, um meinen Erfahrungen, von denen ich hier berichte, eine besondere Bedeutung beizumessen. Jeder sollte sich sein eigenes Urteil bilden. Es liegt mir nicht daran, irgendjemanden von der „Wahrheit“ dessen zu überzeugen, was ich niederschreibe.

Weshalb sollten wir uns gegenseitig von irgendetwas überzeugen wollen? Wahrheit und Wirklichkeit sind keine äußeren Dinge, die auf einem Tablett herumgereicht werden können. Sie sind der persönliche, innere Besitz jedes Einzelnen, nach dem nicht im Äußeren, sondern im Inneren gesucht werden muss. Das individuelle Bewusstsein ist unendlicher Ausdehnung fähig. Es kann sich in die höchsten Höhen emporschwingen oder bis in die tiefsten Tiefen der Hölle reichen. Es besitzen zu dürfen, sollte uns mit aufrichtiger Ehrfurcht erfüllen. Zu behaupten, der menschliche Geist sei in seiner Unendlichkeit und Universalität kosmischer Natur, mag uns im Augenblick bedeutungslos erscheinen. Es steht uns eine Ewigkeit zur Verfügung, das Schöpfungsmysterium zu enträtseln. Es bedarf keiner unangemessenen Eile. Wir sind nicht Sklaven der Zeit und sollten wir es sein, dann müssen wir bald aufwachen und das Erbe in Anspruch nehmen, das uns die Liebe und der Wille Gottes zugedacht haben. Wir können die ganze Welt durchstreifen und nach dem heiligen Gral der Weisheit suchen, aber vergebens. Früher oder später wird diese Suche erfolgreich im eigenen Selbst enden, wo der Gral immer schon gewesen ist.

Ich glaube, eine der tiefsten Wahrheiten, die jemals geäußert wurden, stammt von Clemens von Alexandrien. Vor achtzehnhundert Jahren fasste er den Sinn menschlicher Evolution in einem einzigen Satz zusammen: „Das Wort Gottes wurde Mensch, damit du auch vom Menschen lernen mögest, wie der Mensch Gott wird." Oder anders formuliert: „Wie der Mensch Gottes Ebenbild wird."

Der Kobold und das Unwetter

Als ich bei einer späteren Gelegenheit die Promenade von Brighton entlangging, überraschte mich ein heftiges Unwetter. Bald war ich bis auf die Haut durchnässt. Ich kehrte um und suchte nach einem Unterschlupf. Da erschien mein kleiner Freund und wies auf eine Bank, die dem Wind und Regen voll ausgesetzt war, auf der zwei Gestalten unter einem zerrissenen Gummimantel hockten.

Kobold: „Gehe zu ihnen und halte sie zurück!"

W. T. P. : „Von was?"

Kobold: „Tue, was ich dir sage, oder ich werde sehr wütend mit dir werden."

Folgsam ging ich auf die Bank zu und setzte mich. Nach einer Weile wagte ich es, das erbärmlich aussehende Paar anzusprechen. Der junge Bursche aus Westindien und seine Freundin waren völlig am Ende. Das Mädchen erzählte, dass sie außerdem gerade die Nachricht vom Tode ihrer Mutter erhalten habe. Sie waren zu Fuß aus London gekommen, in der Absicht, ins Wasser zu gehen.

W. T. P. : „Was kann ich tun?"

Kobold: „Sage ihnen, in wenigen Minuten werde die Sonne wieder scheinen und sie sollen den Kopf nicht hängen lassen."

Falls er dies wörtlich gemeint hatte, war es absurd. Die Sonne ging bald unter. Es goss in Strömen, und es war windstill. Schwarze Wolken zogen über den Himmel. Wahrscheinlich hatte mein kleiner Freund nur bildlich gesprochen. Ich sagte dem verzweifelten Paar, was ich gehört hatte, verriet aber nicht von wem. Dann stand ich auf, verabschiedete mich und ging meines Weges. Binnen weniger Minuten erhob sich vom Meer ein Wind. Im Westen teilten sich die Wolken, und die Strahlen der untergehenden Sonne erhellten die Szene. Niemals zuvor hatte ich einen derartig raschen und dramatischen Wetterumschwung erlebt. Ich drehte mich um und rannte neugierig zurück. In Sonnenlicht gebadet, standen die beiden jungen Menschen am Geländer und lachten wie die Kinder. Dann überquerten sie die regennasse Straße und gingen Arm in Arm und offensichtlich frohen Mutes eine Seitengasse hinunter.

W. T. P. : „Was wird aus ihnen werden?"

Kobold: „Das geht dich nichts an. Sorge dich nicht. Gehe nach Hause und schlüpfe in trockene Kleider."

Immer noch fassungslos über diesen seltsamen Vorfall, der mit einer Wetterkapriole so eng verknüpft war, machte ich mich auf den Weg. Möge mein kleiner Kobold lange leben und mir niemals untreu werden!

Kapitel X

Das Gewissen – der Jagdhund des Himmels

Im Gegensatz zu vielen Autoren, die in ihren Büchern Namen und Taten berühmter Persönlichkeiten einflechten, denen sie begegnet sind, bemühe ich mich in diesem Buch, die Anonymität jener zu wahren, die meine Wege kreuzten. Die einzigen Ausnahmen sind der persische Seher Abdul Baha, der nicht mehr lebt, und der katholische Mönch Padre Pio, der noch unter uns weilt. Dieser Regel zu folgen, bringt es leider mit sich, dass zahlreiche interessante und dramatische Erlebnisse, an denen berühmte historische Persönlichkeiten teilhatten, nicht berücksichtigt werden können.

Bisweilen überrascht es, dass sich die Schwächen einfacher Sterblicher auch bei Personen zeigen, die in unserem öffentlichen Leben einflussreiche Positionen bekleiden. Kürzlich suchte mich jemand von beachtlicher gesellschaftlicher Stellung auf, um mit mir über seine Probleme zu sprechen. Seit Jahren hatte er Steuern hinterzogen und lebte nun in der ständigen Furcht vor der Steuerbehörde. Sein Leben war zum Fegefeuer geworden. Als ich ihn fragte, warum er nicht reinen Tisch machte, versicherte er mir, dass dies unmöglich sei, da ihn eine Nachzahlung zuzüglich der Strafe vollkommen ruinieren werde. Er müsse dann sein Landhaus, sein Anwesen, seine Autos, seine Dienerschaft und seine Klubs aufgeben. Außerdem sei es unfair der Familie gegenüber, Opfer auf sich zu nehmen, denn die Ausbildung seiner Söhne müsse ebenfalls abgebrochen werden. Ich fragte ihn nach dem Grund für seinen Besuch bei mir. Er schien einen Punkt erreicht zu haben, an dem er sich jemandem anvertrauen musste. Er wollte seine Sorgen nicht zu seinem Vikar oder seinen ärztlichen Ratgebern tragen. Ich fragte ihn, ob seine Sorge auf Gewissensbissen oder der Furcht beruhe, entdeckt zu werden. Er gestand, dass ihn sein Gewissen nicht beunruhigte, wohl aber die Tatsache, bloßgestellt werden zu können, was das Ende seiner Karriere bedeutete. Aus diesem Grunde kamen ein Geständnis und eine Wiedergutmachung für ihn nicht infrage. Seine Familie und sein persönlicher Ruf waren um jeden Preis zu schützen. Soweit mir bekannt ist, muss sein Leben auch weiterhin der Hölle auf Erden gleichen. Seine Lage ist weitaus schlimmer, als wenn er gestanden und die Konsequenzen getragen hätte.

Seltsamerweise leiden gerade jene Menschen unter den meisten Gewissensbissen, die es am heftigsten abstreiten, dass sie das Gewissen plagt. Das Gewissen kann einen ebenso „jagen", wie der Christus-Geist zu verfolgen und zu fesseln vermag. Letztlich kann man sich beiden nicht entziehen. Bei der Furcht handelt es sich um eine Emotion, gleichgültig ob sie dem Gewissen oder anderen Ursachen entspringt, die einen Menschen zu Fall bringen kann. Sie zehrt an der Gesundheit, untergräbt die Moral und vermag niemals ein einziges Problem zu lösen. „Was ich am meisten gefürchtet habe, ist über mich gekommen", klagt Hiob. Furcht führt zu größerer Furcht, bis man schließlich keinen Ausweg aus dem Dilemma mehr sieht. Der Nebel der Depression macht es unmöglich, klar zu sehen oder konstruktiv zu denken.

Nur wenige kennen die Gottesfurcht. Die Angst vor der Hölle erregt bei den meisten keine Besorgnis mehr. Der Mensch fürchtet seinen Mitmenschen oder weltliche Angelegenheiten, die sich seiner Kontrolle entziehen. Er fürchtet sich vor Armut, der Entfremdung seiner Lieben, dem Altern und der Krankheit. Diese Dinge belasten ihn, während er die „Gottesfurcht" (die einzige Furcht, auf die es wirklich ankommt) selten in Betracht zieht. Die wahre Bedeutung dieses Begriffes bleibt gewöhnlich unerkannt. Der Ausdruck „Furcht" in diesem Zusammenhang ist sicherlich nicht glücklich gewählt. Ehrfurcht, Ehrerbietung oder Anerkennung Seiner Allmacht lassen sich nicht als Furcht bezeichnen, besonders dann nicht, wenn allmählich erfasst wird, was die immerwährende Liebe des Schöpfers zu seinen Geschöpfen bedeutet.

Wenn uns aus irgendeinem Grund die Furcht übermannt, sollten wir sie in einem demütigen Gebet ehrfürchtig vor Gott tragen. Dies ist das wirkungsvollste Heilmittel, das es uns ermöglicht, göttlichen Beistand und Trost zu empfangen.

An anderer Stelle habe ich bereits darüber gesprochen, inwieweit Gedanken und Gefühle in jenen Reichen, die wir nach dem „Tode" betreten, Gestalt annehmen. Diese Gestalten scheinen ein Eigenleben zu besitzen, die für jene, die sie hervorbrachten, greifbare Wirklichkeiten werden. Die Tatsache, dass der Geist und der von ihm erzeugte Gedanke die Materie zu beeinflussen vermögen, wird heute weitgehend akzeptiert, nicht aber, dass jede stoffliche Form auf einem Gedanken gründet. Gedanken sind nicht nur Dinge. Kein „Ding" kann ohne einen Gedanken (oder eine Gedankenkombination) hinter und in ihm entstehen.

Die uns heute bekannte Welt der Materie verdankt ihre Struktur und gegenwärtige Beschaffenheit einer Ansammlung aller Auswirkungen materialistischer Gedankenprozesse, die sich über einen unendlich langen Zeitraum abwickelten.

Bei dem Glauben, Gott habe die Materie erschaffen, handelt es sich gewiss um eine menschliche Vorstellung vom Wirken des Einen. Sein reines Auge betrachtet das Böse nicht. Er trägt nur die Verantwortung für die Erschaffung des Geistes und aller geistigen Lebensebenen. Demnach ist es der menschliche Geist, der auf einer bestimmten Entwicklungsstufe in eine illusorische „Substanz", die sogenannte Materie, „eintauchte", die ihre scheinbare und vorübergehende Existenz nicht dem Geist des Allerhöchsten verdanken kann. Niemand wird wohl ernsthaft bestreiten, dass die jetzige Menschengestalt sowie ihr Umfeld die unmittelbare Folge seines vergangenen, sich über einen langen Zeitraum erstreckenden Denkens und Handelns sind. Jeder von uns ist die Summe seines Den- [illegible] dieses Denken macht ihn zu dem, was er heute ist.

[illegible] ns unsere Gedanken und Gefühle unmittelbar vor Augen stehen, werden wir beginnen, unsere Gedanken höchst sorgsam zu lenken und zu kontrollieren, um nicht länger Gefangene und Sklaven früher begangener Fehler zu sein. Sollten Sie dieser Überlegung nicht zustimmen, welche Alternative gäbe es? Die Hauptursachen weltgeschichtlichen oder persönlichen Geschehens sollten nicht in unmittelbar zurückliegenden Ereignissen gesucht werden. In den meisten Fällen liegt ihr Ursprung in ferner Vergangenheit. Einem Seher wäre es zweifellos möglich, die Verbindung zwischen dem Geschehen selbst und seinem Ursprung zurückzuverfolgen. Ich bin mir durchaus bewusst, dass diese Ansicht umstritten ist, vor allem, weil die Gesetze von Ursache und Wirkung bislang kaum erkannt und noch weniger in ihrer vollen Tragweite erfasst werden.

Hinzu kommt, dass es kaum jemandem bewusst wird, dass er nicht für sich alleine denkt. Die sichtbare und unsichtbare Wirkung unseres Denkens und Fühlens fließt in ein Reservoir, zu dem alle Zugang haben und das jeden von uns beeinflusst. Die Gedanken des Einzelnen können dazu beitragen, das Bewusstsein der gesamten Menschheit zu heben oder das Gegenteil zu bewirken. Ich glaube, dies trifft nicht nur für unsere sogenannte ernsthafte Mentaltätigkeit zu, sondern auch für unsere alltägliche und scheinbar triviale Gedankenwelt. Die Zeit wird kommen, in der jeder lernen wird, nicht länger eigene Gedanken zu denken, sondern die lebendigen und ewigen „Gedanken" des Schöpfers in seinem Geist widerzuspiegeln. Dann werden wir allmählich verstehen, was es heißt, „in Ihm leben und bewegen wir uns (denken) und haben unser Sein". Dann werden wir jenem Frieden einen Schritt näher sein, den wir jetzt noch nicht begreifen.

Kapitel XI

Weltprobleme und ihre geistigen Hintergründe

Vortrag im königlichen Palast Het Oude Loo, *Holland, 28. Januar 1955.*

Eure Majestät, liebe Freunde!

Als Engländer fühle ich mich geehrt, heute vor dieser internationalen Versammlung, die unter einer so gütigen und ermutigenden Schirmherrschaft steht, sprechen zu dürfen. Ich weiß dies in besonderem Maße zu schätzen, da ich einen Großteil meines Lebens Fragen gewidmet habe, die eher mit internationalen als mit nationalen und persönlichen Problemen in Zusammenhang standen.

Indem Sie die Brüderlichkeit aller Menschen unter der Vaterschaft Gottes hervorheben und die Bedeutung Gottes als Schöpfer des Universums und somit seine Unbesiegbarkeit betonen, haben Sie eine Grundnote anklingen lassen, die allen, die an Versammlungen dieser Art teilnehmen, als Inspiration dienen sollte. Ich glaube, Sie entfachen hier ein Leuchtfeuer, dessen Licht sich über die gesamte Welt ausbreiten könnte.

In Ihrem Schreiben an die Redner weisen Sie darauf hin, dass Propaganda für eine bestimmte Kirche, Gesellschaft oder Bewegung unerwünscht sei. In der Überzeugung, sie allein seien im Besitz der gesamten Wahrheit, versuchen leider allzu viele Menschen, sich gegenseitig zu bekehren und übersehen dabei die Tatsache, dass Wahrheit universell und grenzenlos ist und sich dem menschlichen Bewusstsein in zunehmendem Maße erschließt. Es bedarf tiefster Demut, wollen wir im Zusammenhang mit Themen wie diesen irgendwelche Fortschritte erlangen.

Ein weiterer Grund für meine Freude, heute hier vor Ihnen stehen zu dürfen, beruht auf der Tatsache, dass wir auf unserer kleinen Insel die Niederlande stets für ihren Mut, ihren Elan und ihre Haltung angesichts Unterdrückung und der tragischen Zerstörung durch das Meer bewundert haben. Der Schneid, mit dem nationale Probleme anpackt werden, findet bei uns seinen Widerhall.

Mein Thema lautet: „Weltprobleme und ihre geistigen Hintergründe." Um Kritik gleich zu Beginn zu entkräften, möchte ich darauf hinweisen, dass ich mich auf dem Gebiet, über das ich spreche, nicht als Autorität verstehe. Ich spreche zu Ihnen nur als einfacher Wahrheitssucher. Was ich zu sagen habe, basiert allein auf meiner persönlichen Überzeugung und Erfahrung.

Der Glaube, Weltprobleme ließen sich allein durch den menschlichen Intellekt und ohne höhere Einflussnahme lösen, ist weit verbreitet. Blickt man auf die Menschheitsgeschichte zurück, könnte man eher glauben, dass der „Stolz auf den menschlichen Intellekt" der Hauptverursacher des schrecklichen Chaos zu sein scheint, das über uns und unsere sogenannte Zivilisation, die Beziehung zwischen den einzelnen Nationen, den Völkern und sogar zwischen Individuen hereingebrochen ist.

Die Vorstellung, dass sich jedes Problem, sei es groß oder klein, internationaler, nationaler oder persönlicher Natur, ausschließlich mit Hilfe des Menschenverstandes lösen lässt, ohne in irgendeiner Weise auf die Führung aus der Quelle aller Weisheit zurückzugreifen, ist zweifellos ein Trugschluss, der uns in eine Sackgasse geführt hat.

Wenn wir uns die Weltprobleme vor Augen führen und uns als gewöhnliche Menschen fragen, inwieweit der Einzelne unserer Generation am besten dienen kann, sollten wir uns an das große Mysterium erinnern, dass jeder von uns, Sie und ich, das gesamte Universum in sich trägt, die Sonne, den Mond, die Sterne, die geistige Hierarchie und die Schöpferkraft Gottes. Wenn ich in diesem Zusammenhang von Ihnen und mir spreche, beziehe ich mich nicht auf den äußeren Menschen, das Gehirn, den physischen Körper oder den menschlichen Intellekt. Ich spreche von der Seele und dem Geist im Zentrum unseres Seins, in dem das gesamte Universum ruht und wir als Einzelwesen im Gottesbewusstsein leben und getragen werden. Falls dies zutrifft, und ich denke, Sie stimmen mit mir darin überein, dass die aus der Vergangenheit überlieferte Weisheit dies bestätigt, sind wir wahrlich Söhne und Töchter Gottes. Aus diesem Grunde sollten wir als Erstes unser eigenes Haus in Ordnung bringen, wenn wir dazu beitragen wollen, die Probleme unserer heutigen Welt zu lösen. Wir sollten dafür sorgen, unsere persönlichen Angelegenheiten bestmöglich zu regeln, indem wir demütig um Führung und Inspiration von oben bitten. Bei genauerer Betrachtung spiegeln die Weltprobleme in größerem Maßstab eigentlich nur Ihre und meine Probleme wider.

Wenn der Mensch in seinem Inneren versteht und das Licht des Gottesgeistes (das stets darauf wartet, sich über ihn zu ergießen) zu reflektieren vermag, trägt er mehr zur Hebung des Bewusstseins der gesamten Menschheit bei als ihm vielleicht bewusst wird und hat somit sein Bestmögliches gegeben, die Lösung der großen Weltprobleme zu unterstützen.

Erlauben Sie mir, einige Worte über die Wahrheit zu sagen. Überall auf der Welt begegnet man Leuten, die versichern, die Wahrheit entdeckt zu haben. Ihre Behauptung, die ganze Wahrheit zu kennen, spiegelt sich auf internationaler Ebene in den Ideologien wider, durch welche die Welt gespalten wird. Man hält so stark an ihnen fest, dass man in dem Bemühen, andere auf ihre Seite zu schlagen, bereit ist, für sie zu kämpfen und zu zerstören. Es scheint unseren Machthabern und den meisten Menschen schier unmöglich zu sein (ich spreche als Weltbürger, nicht als Engländer oder Europäer) zu begreifen, dass sich eine „Idee" nicht mit einer Bombe auslöschen lässt.

Stellt man sich einer Idee, die man für verwerflich hält, gewaltsam entgegen, erreicht man nur, dass sie noch stärker wird. Dieser meiner Ansicht nach grundlegenden Tatsache sollte man unbedingt Beachtung schenken. Jeden, der mit der Arbeit hier verbunden ist, bitte ich eindringlich, sich vor Augen zu halten, dass sich eine destruktive Idee nur ausrotten oder umwandeln lässt, indem man sie geistig durch eine bessere ersetzt und sie im Alltag entsprechend verwirklicht. Alle Konflikte, Kriege und große Krisen, die noch vor uns liegen mögen, sind *Ideen*krisen. Wollen wir eine Rolle darin spielen, muss es auf der Ebene des Gebetes und der Bitte um geistige Führung geschehen, damit wir erkennen, wie wir uns in Wort, Tat und Sein zu verhalten haben. Dies ist der einzige Weg, um eine Lösung zu finden.

Blicken wir uns in der heutigen Welt um, gewinnt man den Eindruck, als befänden sich die Mächte des Lichtes und die der Finsternis, symbolisch ausgedrückt, in etwa im Gleichgewicht. Ich spreche nicht von Politik, Wirtschaft oder gesellschaftlichen Strukturen, sondern von der menschlichen Gedankenwelt, die in den Ereignissen um uns herum zum Ausdruck kommen. Die lichten und dunklen Kräfte scheinen sich so haargenau die Waage zu halten, dass die geringste Gewichtsverlagerung zu einem Fortschritt der Menschheit oder zur Rückkehr ins Mittelalters führen könnte. Wir alle tragen eine immense Verantwortung. Jeder, der guten Willens ist, das heißt, das Gute will, vermag auf die Waagschale der Finsternis oder die des Lichtes einzuwirken. Es erhebt sich natürlich die Frage: „Wie kann ich als Individuum einen spürbaren Einfluss auf die kosmischen Gewalten ausüben, die gegenwärtig in einem derartig tödlichen Konflikt liegen?"

Ich möchte nochmals darauf zurückkommen, was ich als die wesentliche Wahrheit bezeichnete, die Tatsache, dass *in uns* das gesamte Universum liegt. Was wir sagen, tun, denken und fühlen wirkt sich auf das ganze Universum aus, weil jeder Einzelne es in sich trägt. Es ist alles vorhanden. Die schöpferische Kraft wartet darauf, in der richtigen Weise eingesetzt zu werden. Wenn dies geschieht, tragen wir weitaus mehr dazu bei, die Waagschale zum Positiven zu neigen, als wir erkennen mögen.

Es weilen Seher unter uns, die eine neue Welle kosmischer Energie herannahen sehen. In aller Bescheidenheit möchte ich hinzufügen, dass diese Kenntnis nicht nur dem Hörensagen entspringt. In Augenblicken tiefer Stille und innerer Ruhe konnte ich beobachten, wie sich eine gewaltige Woge geistigen Lebens und Lichtes allmählich auf die Menschheit zubewegt. Viele glauben, dass sie die Rückkehr Christi zur Erde ankündigt und Ihm den Weg bereitet. Ich bin mir jedenfalls sicher, dass der Einzelne in seinem tiefsten Inneren diese neue, das Bewusstsein erfassende Kraft spüren wird, zu der wir als Individuen, Gemeinschaften und Nationen zur Verbesserung der Menschheit Zugang haben werden.

Da der Mensch über ein großes Maß an Willensfreiheit verfügt, kann er diese kosmischen Energien konstruktiv oder destruktiv einsetzen. Es liegt an uns, welchen Weg wir beschreiten und ob wir diese Kräfte zu einer Verbesserung oder Verschlechterung menschlicher Beziehungen und unserer Beziehung zu Gott selbst nutzen.

Man könnte die Atomspaltung als Vergleich heranziehen, die der menschliche Verstand entwickelt und dadurch den Rhythmus des Mineralreiches gestört hat. Die konstruktive oder destruktive Nutzung dieser gewaltigen Nuklearkraft liegt in unserer Hand. Momentan stehen die Zeichen nicht allzu gut.

Ebenso verhält es sich mit der neuen Energiewelle. Es ist das Privileg unserer Generation, sie zu empfangen und zum Positiven oder Negativen zu nutzen. Durch Gottes Gnade kann diese gewaltige Kraft zum Retter der Welt werden.

Seit Anbeginn der Menschheitsgeschichte und wahrscheinlich vor jenem Ereignis, das in der Bibel als „Sündenfall" bezeichnet wird, war es dem Menschen bereits gegeben, über Bereiche irdischen Lebens zu herrschen, die wir eher geringschätzig als die „niederen Naturreiche" bezeichnen, das Mineral-, Pflanzen-, Tier-, Wasser- und Luftreich. Wahrscheinlich empfinden Sie ebenso wie ich, dass wir im Laufe der Jahrhunderte diese Herrschaft missbraucht haben und nun beginnen müssen, mit den anderen Lebensformen auf unserem Planeten Frieden zu schließen, bevor es zu Frieden und Brüderlichkeit in unserem Menschenreich kommen kann.

Nehmen wir das Mineralreich. Wie behandeln wir es? Wir entreißen der Erde die Mineralien und lassen sie größtenteils in die Herstellung von Kriegsmaterial zur Vernichtung von Leben fließen. Auch in anderer Weise haben wir in den natürlichen Rhythmus dieses Reiches eingegriffen. Es ist nun an der Zeit, mit jenen Intelligenzen, die das Mineralreich beherrschen und deren Wohlwollen wir verloren haben, Frieden zu schließen.

Das Gleiche gilt für das Pflanzenreich. Wir vergiften den Boden mit künstlichen Düngemitteln und tragen somit dazu bei, dass immer mehr Krankheiten Pflanzen, Tiere und Menschen befallen. Wir schlagen unsere Wälder, verschwenden das Holz und schaffen künstliche Wüsten. Wie können wir behaupten, unsere Herrschaft über das Pflanzenreich in einer Weise auszuüben, wie sie uns aufgetragen ist?

Und das Tierreich? Tiere werden gezüchtet, geschlachtet und gegessen. Man missbraucht sie zur Vivisektion und zu Grausamkeiten, die uns vom Tierreich trennen, von unseren Brüdern und allem Leben auf diesem Planeten. Wir müssen endlich beginnen, Frieden mit dem Tierreich zu schließen.

Was das Wasser- und Luftreich betrifft, haben im Laufe der Jahrhunderte unsere falsche Denkweise und unlängst die Atomexplosionen sowie vieles mehr Gegebenheiten geschaffen, die den natürlichen Rhythmus dieser Reiche ernstlich aus dem Gleichgewicht geworfen und dadurch klimatische und andere elementare Umwälzungen ausgelöst haben.

Betrachten wir unseren Planeten von oben, wird man erkennen, dass ihn eine schützende Ätherhülle umgibt, die Risse aufweist, hervorgerufen durch wiederholte Atomexplosionen. Durch diese Risse können schädliche Strömungen eindringen und die unterschiedlichsten unerwünschten Kräfte aus dem All in unsere Atmosphäre und sogar in unseren Geist tragen. Kommen wir tatsächlich unseren Verpflichtungen gegenüber dem Luft- und Wasserreich nach?

In Holland stellt das Element Wasser aufgrund der Übergriffe durch das Meer ein wesentliches Problem dar. In aller Bescheidenheit möchte ich eine Änderung der Einstellung gegenüber dieser Bedrohung vorschlagen. Die Winde, die Gezeiten, das Meer, der Regen, sie alle gehören zu den Gaben Gottes. Wenn wir die Gesetzmäßigkeit, die dem Wirken dieser Elemente zugrundeliegt, umgestoßen haben, trifft allein uns die Schuld. Warum ändern Sie nicht Ihre Einstellung gegenüber den scheinbar feindlichen Übergriffen des Meeres und versuchen herauszufinden, wo der Fehler liegt? Anstatt den angeblichen Feind zu verfluchen, sollten Sie ihn segnen. Jedes Mal, wenn jemand von Ihnen aufs Meer hinausfährt oder sich auf den Flüssen und Kanälen Ihres Landes aufhält, möge er darauf achten, das Wasser zu segnen, um es freundlich und kooperativ zu stimmen, so wie Sie freundschaftlich mit ihm zusammenzuwirken wünschen. Wenn Sie ein Glas Wasser trinken, vergessen Sie nicht, es zu segnen und jene Geistwesen, die für dieses Element Sorge tragen, um ihre Freundschaft und ihr Verständnis zu bitten. Versprechen Sie ihnen, Ihr Bestes zu geben, um das Unrecht, das ihnen widerfahren ist, wiedergutzumachen.

Der Einwand, dass die individuelle Bemühung sich wohl kaum auf eine der kosmischen Naturgewalten auswirken wird, ist durchaus verständlich. Ich möchte Sie daran erinnern, worüber ich eingangs bereits sprach. Jeder Einzelne von uns trägt das Universum in sich, und der innewohnende Gottesfunke fördert das persönliche Bemühen, mehr Gutes zu bewirken, als generell erkannt wird.

Auf meinen Weltreisen werde ich immer wieder von Leuten aufgesucht, aus welchem Grunde auch immer, die mit der Frage an mich herantreten: „Wie kann ich mein Leben nutzbringend gestalten?“ Ich denke, es gibt einen sehr einfachen Weg. Wir müssen die Kraft der Erwartung in der richtigen Weise einsetzen, um wirklich helfen zu können. Je häufiger wir *emporschauen* und gläubig den Sieg des Lichtes über die Dunkelheit erwarten und selbstlos dienen, desto sicherer und rascher wird der Sieg sein. „Was immer ihr in eurem Gebet ersehnt (erwartet), es wird euch gegeben werden.“ Unglücklicherweise hat es sich der menschliche Geist aus Furcht und Sorge zur Gewohnheit gemacht, nach unten zu blicken, auf die Materie, auf Krankheit, Zwietracht und Schwierigkeiten, und Hiobs Erkenntnis vergessen: „Was ich am meisten gefürchtet habe, ist über mich gekommen."

Ich möchte mit einer persönlichen Bemerkung schließen. Viele Menschen aus unterschiedlichen Volksstämmen und Nationalitäten suchen mich mit ihren persönlichen Problemen auf, die in den meisten Fällen, wenn auch in kleinerem Maßstab, die im Augenblick anstehenden internationalen Probleme widerspiegeln. Als ich mich vor kurzem in Lybien aufhielt, erzählte mir ein intelligenter und umsichtiger Araber von seinen persönlichen Schwierigkeiten und meinte, er habe den Eindruck, der Teufel selbst sei am Werke, säe Zwietracht und suche Opfer, die er verschlingen könne.

In Zeiten großer Belastung war ich manchmal versucht, einer tiefen Depression anheimzufallen. Es schien, als habe der Schöpfer keinen Kontakt mehr zu seinem Universum und überließe die Menschheit sich selbst in ihrer Erbärmlichkeit. In solchen Augenblicken war es mir immer eine große Hilfe, dass ich meine Einstellung gegenüber diesen scheinbaren Übeln, von denen die Menschheit befallen ist, zu ändern vermochte. Warum sollte nicht Luzifer selbst ein Werkzeug des Schöpfers im Sinne des Guten werden können? Gewiss wird kein Mensch jemals mit größeren Schwierigkeiten konfrontiert, als der innewohnende Geist, der im Zentrum seines wahren Selbst wacht, zu meistern vermag.

Selbst wenn wir manchmal das Gefühl haben mögen, nicht die Kraft zu besitzen, mit dem sogenannten Teufel oder dem sogenannten Bösen fertig zu werden, bieten uns derartige Kämpfe eine lehrreiche Lektion, aus der wir lernen, Schritt für Schritt aus der Finsternis in das himmlische Licht emporzusteigen.

Teil 2

Kapitel I

Das Geheimnis der Träume

Beim menschlichen Gehirn handelt es sich um ein seltsames Organ, besonders was seine Tätigkeit anbelangt, während das bewusste Selbst und der bestimmende Wille des Individuums abwesend sind oder schlafen. Alle Körperorgane besitzen eine Art Eigenleben. Mit Ausnahme des Gehirns scheinen diese Organe automatisch zu funktionieren und befassen sich ausschließlich mit Körpermechanismen. Das Gehirn scheint eine Sonderstellung einzunehmen, da es zeitweise unabhängig vom Verstand tätig ist. Trotz der Theorien der „Fachleute", die ihre Zweifel hinter komplizierten Ausdrücken zu verbergen suchen, stellt sich die Frage, ob wir heute sehr viel mehr über das Gehirn und seine Beziehung zum Verstand wissen als vor fünfzig Jahren.

Das Traumleben des Menschen, vor allem im Hinblick auf den Zeitfaktor, bleibt ein Rätsel. Man hat Versuche unternommen, bei denen nahe am Ohr einer tief schlafenden Person ein Gewehr abgefeuert wird. Sie erwacht augenblicklich und berichtet in vielen Fällen Einzelheiten eines gerade erlebten anhaltenden Traumes, der seinen Höhepunkt erreichte, als der Schuss erklang. Das Geräusch wurde in den Traum integriert und bildete gleichzeitig seinen Abschluss. Ein weitschweifiger Traum kann im Bruchteil einer Sekunde erlebt werden, was darauf schließen lässt, dass ein nicht unter mentaler Kontrolle stehendes Gehirn seinen eigenen seltsamen Humor besitzt.

Kürzlich besuchte ich eine Auktion, um einen Werkzeugkasten zu erstehen. Der hübsche Kasten schien mir ebenso viel wert zu sein wie der Inhalt. Obwohl ich keinen Erfolg hatte, blieb das Bild des Kastens in meinem Gedächtnis haften. In jener Nacht träumte „ich" von einem Kasten, der zunächst jenem zu gleichen schien, den ich tags zuvor betrachtet hatte. Plötzlich dehnte er sich aus und verwandelte sich in einen Sarg. Der Deckel öffnete sich und heraus sprang eine Gruppe interessant aussehender Pygmäen, die den Deckel schlossen und begannen, auf dem Sarg herumzutanzen. Schließlich tauchte eine große schwarze Katze auf. Die kleinen Figuren versteckten sich ängstlich hinter dem Sarg. Da öffnete sich der Deckel von selbst, und die Katze äugte hinein. Plötzlich schnappte der Deckel zu und klemmte ihren Schwanz ein. Die Pygmäen tanzten ausgelassen um das unglückliche Tier herum, das durchdringend schrie. In diesem Augenblick weckte mich ein Junge, der draußen auf der Straße die Frühausgabe einer Zeitung ausrief. Wer oder was war für diesen Wirrwarr verantwortlich? Im Wachzustand wäre ich nicht in der Lage, mir eine solch sinnlose Szene vorzustellen. War es mein Gehirn, das sich ungezwungen vergnügte?

In der Zeitung konnte ich keinerlei Hinweis entdecken. Ich fand nur die Todesanzeige eines früheren Bekannten, der Katzen über alles liebte und Zentralafrika bereist hatte, wo es Pygmäen gibt. Welchen Sinn hat das Ganze, und warum sind wir im Schlaf derartig beschämenden Erlebnissen ausgesetzt?

Wir sollten diese Art von Träumen ganz klar von tatsächlichen Begebenheiten trennen, die auf anderen Bewusstseinsebenen beheimatet sind, wenn wir uns außerhalb unseres physischen Körpers befinden.

Gelegentlich habe ich auf meine schlafende Gestalt hinuntergeschaut und manchmal „gesehen", was sich in meinem Gehirn abspielte, das sich in dieser Zeit offenbar meiner Kontrolle entzog. Der „Traum", den es träumte, brachte gewöhnlich groteske und weit von den alltäglichen Erlebnissen entfernte Farbbilder hervor. Wer oder was stand hinter der Kamera? Ich hielte es für unter meiner Würde, die Verantwortung für solche Alpträume zu tragen, es sei denn, sie entpuppten sich als vernünftig oder sogar prophetisch.

Vorahnungen

Deutliche Vorwarnungen scheinen sich oft im Moment des Erwachens einzuprägen. Ist man jedoch hellwach, verwirft man sie gerne, auch wenn frühere Erfahrungen gezeigt haben, dass es zum eigenen Schaden gereichen kann. In dieser „Traumfantasie" gibt es eine sich wiederholende Erfahrung, der ich stets und zu Recht Bedeutung beigemessen habe. Es ist immer dasselbe Bild, das sich nur zeigt, wenn eine ernste Lebenskrise ohne jegliche Vorwarnung auf mich zukommt. Ich stehe am Ufer eines reißenden dunklen Stromes. Es ist immer Nacht. Die Sterne strahlen heller als im irdischen Alltag. Dann taucht eine mit unsichtbaren Ruderern bemannte düstere Barke auf und nähert sich langsam dem Ufer. In diesem Moment wird mir bewusst, dass meine Zeit auf Erden abgelaufen ist, falls sie an der Stelle anlegt, an der ich stehe. Dreht sie vorher ab, weiß ich (im Traum), dass mir in meinem irdischen Alltag eine ernste Krise bevorsteht. Es erübrigt sich zu erwähnen, dass dieses seltsame dunkle Gefährt bis jetzt noch nicht „das Land berührt" hat, ansonsten könnte ich dies nicht schreiben. In Abständen von drei bis neun Jahren hat sich mir die Barke in vier von fünf Fällen genähert, ist umgekehrt und wieder verschwunden. Die vorhergesagte Krise hat sich pünktlich nach einer Woche eingestellt. Die jeweiligen Krisen sind völlig unterschiedlicher Natur. Ein Schiff, auf dem ich fuhr, wurde torpediert. In den Bergen von Palästina lag ich schwer verwundet auf einem leeren Schlachtfeld. Ich musste ein Eisenbahnunglück miterleben, und aufgrund einer schweren Erkrankung wurde eine Operation erforderlich. Was das fünfte Mal betrifft, hat sich bisher meines Wissens noch nichts ereignet. Welchen Zweck erfüllen solche Vorwarnungen? Wir vermögen die Krise weder abzuwehren noch ihre Auswirkungen zu mildern. Sie geben mir bestenfalls die Gewissheit, dass ich die Krise überstehen werde, da die Barke nicht angelegt hat. Wer oder was verursacht und lenkt solche Träume? Das Gehirn ist ohne Hilfe nicht dazu imstande. Entspringen sie dem geheimnisvollen sogenannten *Höheren Selbst* oder bewirkt sie ein außerhalb stehendes, gütiges und intelligentes Wesen zu unserem Besten?

Ich habe häufig in Träumen Ereignisse beobachtet, die (wie es sich später zeigte) gleichzeitig in der äußeren Welt abspielten, entweder in der eigenen Umgebung oder Tausende von Kilometern entfernt. Bisweilen habe ich tragische oder fröhliche Begebenheiten aus dem Bekanntenkreis einen Tag bis zu mehreren Monaten *vorausgesehen*. Selten war es mir gegeben, aufgrund meines Vorherwissens sinnvoll einzugreifen. Dies wurde mir nur einmal erlaubt, als es um eine Sache von politischer und historischer Bedeutung ging. Da die fraglichen Ereignisse noch nicht allzu lange zurückliegen, kann ich nicht auf Einzelheiten eingehen.

Mitunter träumt man von fremden Orten und Begegnungen. Wenn sich solche Träume später realisieren, wirkt es belustigend, bereits zu wissen, was die Leute, die jetzt tatsächlich vor einem stehen, sagen und tun werden. So weit man bisher feststellen konnte, bleibt der Gewinn solcher Träume infrage gestellt.

Ein Erlebnis in Karnak, Ägypten

Als ich mich einmal in meiner physischen Gestalt den berühmten Tempelruinen von Karnak näherte, sah ich, wie sich ein Zug von Priestern, Wagen und seltsam gekleideten „Astrologen“ auf dem Tempelgelände bewegte. Ich glaubte, eine Filminszenierung zu beobachten, konnte aber keine Kameras sehen. Ich näherte mich der Prozession und bemerkte, dass ich wie gebannt auf den Rücken eines jungen Sklaven blickte, der ein weißes umgürtetes Gewand trug und ein Kamel führte, auf dem irgendeine königliche oder priesterliche Gestalt saß. Ich begleitete den Zug in einem Abstand von etwa zwanzig Schritten und wünschte mir sehr, dass der Junge sich umdrehen und mir sein Gesicht zeigen möge, was schließlich auch geschah. Ich blickte in meine eigenen Augen.

Es gibt wohl kaum etwas Befremdlicheres, als sich selbst von Angesicht zu Angesicht gegenüberzustehen und genau zu wissen, dass kein Zweifel besteht.

Ein Fremdenlegionär begegnet sich selbst

Später fand ich in der französischen Sahara einen Deserteur der Fremdenlegion, der im Sterben lag. Seit „anderthalb Monden“, wie er es ausdrückte, war er ohne Wasser und Nahrung gewesen. Da er keine Papiere bei sich trug, konnte ich seine Nationalität nicht ausfindig machen. Der Aussprache nach hätte er deutscher Herkunft sein können. Mit letzter Kraft richtete sich der Mann aus dem Sandloch auf, in dem er vor der Sonne Schutz gesucht hatte, und rief in gebrochenem Französisch: „Da komme ich mir selbst entgegen, wie schön!“ Er sank zurück und verschied. Diesen Vorfall meldeten wir am nächsten Tag in Bou Saäda.

Hier fragt man sich, ob die Theorie, dass sich Zwillingsseelen eines Tages vereinigen werden, eine gewisse Wahrheit enthält. Was den „Sklavenjungen“ betrifft, so war er für *mich* nicht meine Zwillingsseele oder ein seit langem vermisster Bruder. Er war *ich*, ganz und gar. Vielleicht eine Vorinkarnation?

Ein Wachtraum

In der Nacht nach meinem Erlebnis in den Tempelruinen von Karnak, im Jahre 1919, hatte ich einen denkwürdigen Wachtraum.

Zu Beginn durchlebte ich nochmals das Geschehen des Vortages, aber mit einem wesentlichen Unterschied. Ich war nicht nur der Augenzeuge einer königlichen Prozession, bei der meine Identität mit der eines Sklavenjungen zu verschmelzen schien, sondern wurde mir auch als objektiver Beobachter vergangener und gegenwärtiger Geschehnisse im Zusammenhang mit dem sich vor mir entfaltenden Schauspiel bewusst.

Dieses Phänomen veranschaulicht das Wirken von Kräften, die wissenschaftlich ernsthaft in Erwägung gezogen werden sollten.

Der Geist scheint Geschehnisse und Zustände aus mehreren Blickwinkeln gleichzeitig wahrnehmen zu können, das heißt, das sogenannte „Ich“ vermag gleichzeitig Teilnehmer und Beobachter zu sein. Bewusstheit und Schau können auf zwei verschiedenen Bewusstseinsebenen tätig sein, was das Erleben eines Geschehens und seine Beobachtung von außerhalb gleichzeitig ermöglicht. Diese zweifache Sichtweise hat zur Folge, dass es möglich wird, Ereignisse zu „sehen“, die zu dem Punkt führen, an dem man steht, und die Auswirkungen vergangener Ursachen auf aktuelle Geschehnisse zu verstehen. Neben diesen beiden Fähigkeiten, die wir als B und C bezeichnen wollen, kommt noch ein dritter Faktor hinzu, den wir A nennen. Ich werde versuchen, es eingehender zu erläutern. Wenn ich in meinem Büro sitze und Briefe diktiere oder eine geschäftliche Unterhaltung führe, was die Fähigkeit A voll in Anspruch nimmt, beginnen die Fähigkeiten B und C unerwartet selbstständig und unabhängig von A aktiv zu werden. Zwischen den materiellen Interessen und Aktivitäten, mit denen sich A befasst, und jenen, mit denen sich B und C beschäftigen, scheint niemals eine Verbindung zu bestehen. Letztere wenden sich vielleicht Ereignissen und Erfahrungen zu, die Tausende von Meilen entfernt und oftmals in einer anderen Zeitperiode stattfinden. Es hat sich gezeigt, dass später in zwei, bisweilen auch drei Einzelberichten das, was aufgrund der drei Kräfte gehört und gesehen wurde, ausführlich beschrieben werden konnte. Das Gehirn scheint demnach imstande zu sein, Einzelheiten der Wahrnehmungen jener drei geistigen Fähigkeiten registrieren zu können, selbst wenn die Erfahrungen parallel verlaufen.

Daneben gibt eine vierte, noch eindrucksvollere Kraft, die wir D nennen wollen, das Erinnerungsvermögen. Wenn der Leser mir bis zu diesem Punkt zu folgen vermochte, wird es ihm leichter fallen, die gleichzeitigen Aktivitäten von A, B, C und D, die auf unterschiedlichen Wahrnehmungsebenen stattfinden, zu verstehen. In diesem Zusammenhang möchte ich auf das Erlebnis in Karnak zurückkommen.

Ich sprach von dem Traum, den ich in der Nacht nach der Begegnung mit meinem *anderen Ich* in Gestalt eines ägyptischen Sklavenjungen erlebte. Ich möchte betonen, dass ich nicht schlief. Ich befand mich im Wachzustand. Während B, C und D in ihren eigenen Bereichen tätig waren, registrierte A nicht nur, was diesbezüglich vor sich ging, sondern bemerkte ebenfalls das Ticken der Uhr und die Geräusche, die aus dem benachbarten Hotelzimmer drangen.

Wie bereits erwähnt, wiederholten sich die Ereignisse des Vortages, aber mit dem Unterschied, dass ich das Geschehen nicht nur beobachtete, sondern auch daran teilnahm. In jenem Augenblick, in dem meine Augen denen des jungen Sklaven begegneten und ein Erkennen dämmerte, wurden alle vier Kräfte aktiv. Diese Tatsache sollte bei der folgenden Schilderung in Betracht gezogen werden. Die einzelnen Vorgänge muss der Leser selbst entwirren. Ich beobachtete also eine königliche Prozession. Sie wurde von den Hohepriestern des Amun Ra angeführt und kam von den Opferaltären des Tempels von Luxor, der diesem Gott geweiht war. Ich hatte soeben mit angesehen, wie zahlreiche Gefangene und Sklaven niedergemetzelt worden waren, damit ihr Blut den großen Gott versöhnen möge. Nichts, was ein Stalin oder Hitler später fortgesetzt haben, könnte grausamer oder schrecklicher sein. Hinter den Hohepriestern gingen Priester von niedrigem Rang in weißen und goldenen Roben, das Ankh-Zeichen auf der Stirn. Sie trugen die Todeslade. Ich konnte sehen, dass diese die sterblichen Überreste einer Person königlicher Abstammung auf ihrem Weg zum Fluss enthielt, den sie bei Sonnenuntergang überqueren musste. Der Leichenzug sollte dann über den Nil zum königlichen Kai gerudert werden und nach Theben weiterziehen, wo sich zwischen viertausend und dreihundert v. Chr. die Grabstätten der oberägyptischen Könige befanden.

Die vor Tagesanbruch dargebrachten Menschenopfer waren dazu

bestimmt, Amun Ra zu beschwichtigen und ihn dazu zu bewegen, jemandem seines königlichen Blutes auf der Reise über den Styx Schutz zu gewähren. Die Straße von Luxor zu dem thebanischen Tempel von Karnak, in dem hauptsächlich die Begräbniszeremonien stattfanden, wurde von Sphinx-Statuen gesäumt. Ich habe niemals ein von Menschenhand errichtetes Gebäude gesehen, das sich auch nur annähernd mit der majestätischen Größe dieses gigantischen Bauwerkes vergleichen ließe.

Das Hypostylon mit seinen hundertvierunddreißig hochaufragenden Säulen war atemberaubend. Der Leichenzug mit seinen zweitausend Priestern, Altardienern und Sklaven, die sich in dieser Halle versammelten, schien sich in dem mehr als fünfzigtausend Quadratmeter umfassenden Areal zu verlieren. Es gibt kein einziges Bauwerk der Antike oder der heutigen Zeit, das sich mit diesem an Größe und Erhabenheit messen könnte. Ursprünglich war der gesamte Komplex den drei Gottheiten Amun Ra, Mut und Khonsu geweiht worden, einer Trinität, die Vater, Mutter und Sohn darstellte.

Ich stand im inneren Bogengang des riesigen Hauptportals und beobachtete eine Weile die seltsame Zeremonie, die sich im Bereich der Altäre abspielte, die weit entfernt zu stehen schienen. Da ich meinen jungen Sklaven aus den Augen verloren hatte und das Spektakel mich zu ermüden begann, ging ich fort. In diesem Moment schien mein Traumerlebnis andere Dimensionen und Formen anzunehmen. Zunächst stand ich am anderen Flussufer unter der Granitstatue des großen Ramses, außerhalb seines eigenen Tempels zu Theben. Sie ragte hoch in den Himmel. Von ebener Erde aus vermochte ich seine Gesichtszüge nicht im Einzelnen zu erkennen.

Am nächsten Tag stand ich zum ersten Mal in meinem physischen Körper neben den Trümmern dieser Statue. Von dem dortigen Führer erfuhr ich, dass dieses antike Wunder aus einem einzigen Steinblock gehauen worden war, der über tausend Tonnen wog. Es ist fast unvorstellbar, wie man einen einzigen Granitblock von dieser Größe in den Steinbrüchen von Assuan herausschlagen und den Nil hinunter flößen konnte, bis er in Theben seinen endgültigen Standort fand.

Ich bin absichtlich abgeschweift, um dem Leser die Möglichkeit zu bieten, innezuhalten und herauszufinden, ob er erkannt hat, in welcher Weise die vier Fähigkeiten des Geistes unabhängig voneinander und im Zusammenspiel zu dem Gesamtbild der Erzählung beigetragen haben.

Der Begriff „unabhängig" mag irreführend sein. Das „Ich", das spricht, der individuelle Geist hinter dem Verstand und den Sinnen, der dem Blick in den meisten Fällen verborgen bleibt, ist der eigentliche Regisseur, der das Team lenkt und die Verantwortung für den Zusammenhang seiner Einzelteile trägt.

Die letzte Phase meines Wachtraumes begann bei Tagesanbruch, als die aufgehende Sonne mich aus meinen Träumereien riss. Ich erinnerte mich, dass Umstände, die mir entfallen sind, dazu geführt hatten, dass sich mein Schicksal als Sklave in späteren Jahren veränderte. Man erhob mich zu einem der vier Priester, deren Aufgabe darin bestand, die Totenlade mit den sterblichen Überresten eines Pharaos, dessen Namen ich ebenfalls vergessen habe, zu schützen. Später sah ich mich Veränderungen an den Mauern des Tempels der Königin Hatschepsut überwachen. Die fürchterliche Brutalität, mit der der Oberaufseher die Sklaven zur Arbeit peitschte, empörte mich. Es wurde mir bewusst, dass ich ohne die Gunst der Götter das gleiche Los erlitten hätte.

Sehr viel später lebte ich in stiller Zurückgezogenheit im Bereich eines Tempels, den Thutmosis II. stromaufwärts auf der Elefanteninsel errichtet hatte. Es wurde mir wieder klar, welch ein Glück ich hatte, so lange leben zu dürfen. Jahre zuvor verbrachte ich mein mittelständisches Leben im Tal der Könige von Theben und seiner Umgebung. Durch Intrigen gelang es mir, der Königin Hatschepsut die Oberherrschaft zunächst über ihren Vater Thutmosis II. und dann über ihren Bruder und Ehemann Thutmosis III. zu verschaffen. Dank ihres Einflusses hatte ich mir widerrechtlich eine

Machtstellung in der Bruderschaft der Priester angeeignet, von denen einige mittels Gift, das die Königin selbst zur Verfügung stellte, „beseitigt" worden waren. Später erhaschte ich einen flüchtigen Blick auf den Flussgott, der in der Nähe einer der Haupt-Nilquellen seinen Sitz hat. Sein Einfluss durchdringt die Wasser des großen Flusses über eine Entfernung von mehr als dreitausend Meilen, breitet sich über das bebaute Land an seinen Ufern aus, um sich jenseits des Deltas im Meer zu verlieren.

Diese Ereignisse müssen sich während der achtzehnten Dynastie, mindestens fünfzehnhundert Jahre v. Chr., abgespielt haben. Bis zum heutigen Tage bin ich mir nicht schlüssig, ob „Einblicke in die Vergangenheit" sinnvoll sind. Gewiss tragen sie nicht zur Gemütsruhe bei und wecken eine Neugier, die sich als beunruhigend und ungesund erweisen kann. Es wäre interessant zu wissen, ob mir diejenigen, die ähnliche Erfahrungen gemacht haben, zustimmen. Außerdem frage ich mich, inwieweit andere Wahrheitssucher die Gültigkeit der von mir aufgestellten These, die sich auf die Tätigkeit der geistigen Fähigkeiten (A, B, C und D) bezieht und die ich anhand meiner Erzählung zu erläutern versuchte, anerkennen können. Vielleicht trägt das Folgende zu einem noch klareren Verständnis bei.

Die Seele in Beziehung zu Geist und Verstand

Bisher haben wir uns mit dem Verstand und seinen Aspekten in Beziehung zum Ego und zum Gehirn befasst. Es erhebt sich Frage, welche Rolle die Seele in der von mir aufgestellten These spielt. Geist, Verstand und Körper scheinen eine Dreiheit zu bilden. Wo fügt sich die Seele in das Lebensmuster eines Menschen ein? Ich glaube, es ist eine Frage der Definition. Der Durchschnittsmensch neigt dazu, die Begriffe „Geist" und „Seele" als gleichbedeutend zu betrachten. Falls dies nicht zutrifft, wie lässt sich dann der Unterschied erklären? Die Theologen sehen in der Seele des Menschen gewöhnlich etwas, das in seinem Inneren weilt und „gerettet" werden muss. Selten wird erwähnt, dass Geist und Verstand der Rettung bedürfen. Warum eine Unterscheidung? Ich möchte folgende Erklärung vorschlagen.

Das Ego des Menschen, sein geistiges Selbst, bringt sich, so weit wir wissen, in der Form zum Ausdruck. Verstand und Körper sind demnach zwei solche Formen. Jede ist in ihrem eigenen Bereich tätig. Kann es eine dritte, eine subtilere „Form" geben, die dem Menschen zur Verfügung steht? Wäre es nicht möglich, dass der Geist sich über seinen zartesten und vertrautesten Träger, die Seele, zum Ausdruck bringt und sich auf diese Weise eine Dreiheit der ihm zur Verfügung stehenden Formen bildet, das heißt Seele, Verstand und Körper?

So gesehen, ließe es sich vielleicht leichter verstehen, warum der Mensch seine Seele retten soll. Es mag durchaus sein, dass diese Hülle so eng mit dem innewohnenden Geist verbunden ist, dass ihre „Rettung" letztlich dem Wohl des Geistes selbst dient.

Man mag das Los des physischen Körpers für unerheblich halten, dem Schicksal und der Zukunft des Verstandes im Hinblick auf den menschlichen Geist aber größte Bedeutung beimessen. Die Religion spricht selten von der Notwendigkeit, Geist und Verstand zu „retten". Das Hauptaugenmerk liegt auf der Seele. Es muss einen Grund hierfür geben. Wenn wir davon ausgehen, dass die Seele geistige und mentale Elemente enthält, könnte man behaupten, dass die Zukunft des gesamten Menschen von der Rettung der Seele abhängt. Was ist unter „Rettung" zu verstehen? Könnte es sich dabei nicht um den allmählichen Aufstieg des gesamten Menschen in jene geistigen Bereiche und darüber hinaus handeln, in denen der Mensch beheimatet ist und wieder bewusst im Geiste seines Schöpfers lebt? Man mag die Seele als Medium ansehen, durch das der Geist Verbindung mit dem Verstand aufnimmt und umgekehrt. Derartige metaphysische Betrachtungen mögen kaum von Bedeutung sein, denn sobald der Mensch reif ist, wird er sie innerlich erfassen.

Kapitel II

Moussa, der Schlangenbeschwörer

Steigen wir von den metaphysischen Höhen herab und genießen eine kleine Entspannung.

Ich möchte Ihnen von meinen Abenteuern mit Sheikh Moussa Mahomed, dem berühmten Schlangenbeschwörer, berichten. Ob er noch lebt, entzieht sich meiner Kenntnis, aber da die Geheimnisse der Schlangenbeschwörung vom Vater auf den Sohn weitergereicht werden, bin ich sicher, dass die Familie noch im Geschäft ist. Als ich dem Moussa meiner Zeit (1919) zum ersten Mal begegnete, war er mittleren Alters, groß und drahtig und trug einen Bart. Seine dunklen, tiefliegenden Augen verrieten eine gewisse innere Anspannung. Sein roter Fez war mit einem grünen Band umwunden, was darauf schließen ließ, dass Moussa den Status eines Sheikh aufgrund einer Pilgerreise nach Mekka erworben hatte. Die Attribute seines Berufsstandes waren denkbar einfach. Sie bestanden aus einem großen, mit Sackleinen ausgeschlagenen Korb, einem Pilgerstab und einer Rohrflöte. Es zeigte sich bald, das Moussa seinen Beruf sehr ernst nahm. Gleichgültig, ob es sich um die Beschwörung oder den Fang einer Schlange, eines Skorpion-Nestes oder giftiger Taranteln handelte, pflegte er laut singend die weisen Propheten Salomon und Mohammed anzurufen, bevor er tätig wurde.

Zunächst besuchten wir die Tempelruinen von Memnon, in der Nähe von Theben, und standen eine Weile auf einem zerbrochenen Pylon nahe dem Eingang. Es herrschte eine gnadenlose Hitze. Zwischen den Ruinen gab es nicht das geringste Anzeichen von Leben.

Moussa setzte seinen Korb auf den Sand, gürtete sein Gewand enger, streckte die Hände aus und begann in arabischer Sprache ein Mantra zu singen, in dem der Name Salomon (Suleiman) sich laufend wiederholte. Bald vernahm man unheilvolles und unheimliches Rascheln in den Ritzen der zerfallenen Mauern. Moussa nahm seine Flöte und spielte eine eintönige, eindringliche „Melodie". Der Ton klang ruhig und wild zugleich.

Ich fragte Moussa, was wir erwarteten. Er erwiderte nur: „Skorpione." Mit einem Male wurde der Sand lebendig. Dutzende dieser giftigen Kreaturen krochen aus Löchern und Rissen hervor und krabbelten auf uns zu. Einige von ihnen waren so groß, dass ich meinen Augen nicht traute. Es müssen mindestens fünfzig Tiere gewesen sein, die zweifellos wie durch einen hypnotischen Zauber vorangetrieben wurden. Einige von ihnen schienen zu verdorren und *unterwegs* zu sterben. Moussa sammelte den Rest ein und warf sie in den Korb, wo sie sich nicht mehr rührten. Ein besonders großes Exemplar durfte ihn sogar in den Arm stechen, womit er demonstrieren wollte, dass ein richtiger Schlangenbeschwörer gegen Gift immun ist. Dann schloss er den Korb, schulterte ihn, und wir gingen weiter.

Wir kletterten das Tal der Königsgräber hinauf. Moussa schien einer ganz bestimmten Stelle auf dem sonnendurchfluteten Hang zuzustreben. Zwischen den Felsblöcken, auf denen noch Spuren von Inschriften zu sehen waren, lag vor uns eine Höhle. Moussa kniete sich am Eingang nieder und betete. Dann stellte er sich auf einen Stein und wiederholte das bereits beschriebene Ritual. Wieder fragte ich, was wir erwarteten. Ich konnte seine Antwort nicht verstehen, nahm aber später an, dass er eine Kobra gemeint hatte. Kurze Zeit später tauchte eines dieser gefährlichen Tiere auf, rollte sich am Höhleneingang zusammen und wieder auseinander. Selbst aus der Entfernung konnte man ihren enormen Umfang und ihre unglaubliche Länge erkennen. Diese Reptilien scheint eine düstere Aura zu umgeben, die sogar in einem Abstand von fünfzig Metern zu spüren ist.

Die Kobra rollte sich erneut auseinander, hob den Kopf und starrte in unsere Richtung. Unendlich langsam und mit schwingenden Bewegungen kroch sie auf den Stein zu, auf dem wir standen, reckte den Kopf und den oberen Körperteil empor und neigte sich wie unterwürfig oder im Gebet. Moussa stieg von dem Stein hinunter und zog mit seinem Stock im Sand einen Kreis um unseren Besucher. Es folgte ein weiterer Sprechgesang an den König Salomon. Die Kobra legte sich augenblicklich nieder, rollte sich ein und schien in eine kataleptische Trance zu verfallen. Sie war viel zu groß, um Platz in dem Korb zu finden. Wir ließen sie zurück und gingen weiter. Als wir gegen Sonnenuntergang wieder an dieser Stelle vorbeikamen, lag sie immer noch unbeweglich in dem magischen Kreis im Sand.

Inzwischen war Moussas Sohn Mahmoud zu uns gestoßen. Vater und Sohn wickelten das zusammengerollte Tier in Sackleinen und schleppten es zu einer eingefriedeten Koppel hinter Moussas Haus, das einige Meilen entfernt lag.

Zur damaligen Zeit zahlte die ägyptische Regierung für jedes gefangene giftige Tier einen bestimmten Betrag, dessen Gesamtsumme an Moussas gepflegtem Äußeren zweifellos sichtbar wurde.

Gegen Mittag stiegen wir erschöpft zu einer kleinen Oase in der Nähe des Nilufers hinunter. Dort fanden wir Schatten und frisches Wasser und trafen Vorbereitungen für ein Picknick. Vor dem Essen zog Moussa in einem nahegelegenen Sandstück einen Kreis und vertiefte ihn zu einem schmalen Graben. Mahmoud stand in der Mitte, während Moussa sein Beschwörungsritual durchführte. Dann half er seinem Vater, den Korb zu öffnen und innerhalb des Kreises zu entleeren. Es war unheimlich mit anzusehen, was dann vor sich ging. Man stelle sich eine sich windende Masse von Schlangen, Skorpionen, Taranteln und anderen namenlosen, aber giftigen Kreaturen vor, die versuchten, sich voneinander zu lösen und zu entkommen. Sobald eine die Kreisperipherie erreichte, schien eine unsichtbare Macht den Weg in die Freiheit zu versperren. Es war, als sei dieser flache Graben (kein wirkliches Hindernis) mit flüssigem Feuer gefüllt.

Während Mahmoud auf dem Boden hockte und den Korb säuberte, umrundete Moussa singend und mit dem Stock schlagend immer wieder den Kreis. Plötzlich schien das Gewirr darin wie erstarrt zu sein. Es regte sich nichts mehr. Wir kehrten zur Oase zurück, verzehrten unser Mahl und ruhten uns aus.

Bevor wir unsere Suche in den Hügeln fortsetzten, wollte ich mich nochmals vergewissern und kehrte zu dem „magischen Kreis" zurück. Ich fand absolute Bewegungslosigkeit vor, an der sich auch nichts geändert hatte, als wir gegen Sonnenuntergang zurückkehrten. Inzwischen hatte Mahmoud einen großen Sack geholt, in den er die Beute des Nachmittags schüttete. Der leere Korb wurde in den Sand gestellt. Moussa wiederholte sein Ritual, umrundete den Kreis diesmal aber im entgegengesetzten Uhrzeigersinn. Wieder klopfte er mit dem Stock. Augenblicklich kehrte Leben in die Geschöpfe, und es wimmelte nur so im Inneren des Kreises. Auf Geheiß des Vaters ging Mahmoud selenruhig hinein und sammelte mit bloßen Händen seine „Herde" ein und häufte sie in den Korb, den Moussa geöffnet hielt. Vater und Sohn brachten den Korb nach Hause. Für mich endete ein einzigartiges Erlebnis.

Der wahre Schlangenbeschwörer wird seinen Fang niemals töten; denn dies würde bedeuteten, die Macht zu verlieren. An jenem Abend wimmelte es in dem Korb von Skorpionen, Taranteln, Vipern und zischenden Schlangen. Vielleicht töteten sie sich gegenseitig, aber das sollte nicht Moussas Sorge sein. Er hatte kein für ihn bindendes Gesetz gebrochen, und wenn er den Korb mit dem Inhalt vorzeigte, war ihm der Lohn sicher. Sollte ein auf diese Weise gefangenes Reptil tot und der Lohn eingenommen sein, so erfuhr ich, führt der Beschwörer bestimmte Beisetzungsriten durch, ehe er seinen Fang im heiligen Tal tief im Sand vergräbt. Offensichtlich besteht eine Verwandtschaft zwischen dem Beschwörer und dem Beschworenen.

An jenem Tag, kurz nach Sonnenuntergang, begleitete Moussa mit der ihm angeborenen, noch nicht vom Westen angetasteten Höflichkeit des Arabers meinen Gefährten und mich über den Nil zum Eingang unseres Hotels in Luxor. Im Namen Suleimans des

Großen segnete er uns und erhielt ein Entgelt für seine Zeit und seine Gefälligkeit.

Am Abend begegnete ich in der Hotelhalle einem französischen Arzt, der sich mit Giften sehr gut auskannte. Er erzählte mir, dass der Beruf des Schlangenbeschwörers in der Antike hoch angesehen war und als heilig betrachtet wurde. Wenn der Sohn eines anerkannten, traditionell vorgehenden Beschwörers ein Alter von sieben Jahren erreicht hatte, impfte ihn sein Vater mit einer Mischung aus Kräuteressenzen und Giften, um ihn für sein ganzes Leben gegen die Folgen von Schlangenbissen zu immunisieren, die einen normalen Menschen augenblicklich töten würden. Man fragt sich, ob die Kräfte, über die Moussa und sein Stamm offensichtlich verfügten, nicht anderweitig Einsatz finden könnten. Besteht vielleicht die Möglichkeit, dass das Geheimwissen dieser seltsamen Leute der Heilung bösartiger Krankheiten dient? Bevor ich am nächsten Tag nach Assuan weiterreiste, wollte ich Moussa selbst danach fragen. Leider war er bereits unterwegs, als ich nach ihm schickte. Wir sind uns niemals mehr begegnet.

Ich möchte noch hinzufügen, dass kein gewöhnlicher Tourist an den Vorgängen, die ich beschrieben habe, teilnehmen darf. In Oberägypten wird man dem interessierten Besucher nur einen Schlangenbeschwörer schicken, der im Hotelhof oder in der Nähe einige Kunststücke mit gezähmten Schlangen, denen die Giftzähne gezogen wurden, vorführt.

In Indien mag es sich anders verhalten, aber in Oberägypten sind die Regeln sehr streng. Wahre Schlangenmagier gehören einer eigenen Zunft an. Wahrscheinlich gibt es einen Geheimorden, der die Regeln festlegt. Keinem Fremden oder Ungläubigen ist es erlaubt, an einem solchen Schauspiel teilzunehmen, wie ich es erleben durfte. Sympathie und Verständnis, die zur Verbundenheit mit dem arabischen Geist führen, sind die Voraussetzungen. Aber selbst dann kann es geschehen, dass sich nichts Besonderes ereignet. Aus diesem Grunde habe ich meine eigenen Erfahrungen so ausführlich wiedergegeben.

Kapitel III

Eine persönliche Anmerkung

Ich glaube, es ist an der Zeit, jenen Lesern, die mich nicht kennen, zu sagen, dass ich ein ganz gewöhnlicher Mensch bin. Diejenigen, die mich näher kennen, mögen sich bisweilen fragen, warum ich mich so stark für die übernatürlichen Aspekte interessiere. Gewöhnlich verbietet es ihre Höflichkeit, ihre Neugier offen kundzutun. Immer wieder begegne ich Menschen, die nur an der Oberfläche ihres Daseins leben, dem jeglicher interessanter *Hintergrund* zu fehlen scheint. Versuche ich, eines meiner ungewöhnlichen Erlebnisse mit ihnen zu teilen, starren sie mich an, als sei ich nicht normal. Dies macht es mitunter schwierig, weil man sich nach einem Gedankenaustausch mit Leuten sehnt, die Ähnliches erfahren haben. Wahrscheinlich habe ich in dieser Hinsicht kein Glück gehabt. Bisweilen treffe ich Menschen, die mir von seltsamen Begebenheiten erzählen, die anderen widerfahren sind. Nur selten lassen sich die Spuren dieser „anderen Leute" verfolgen. Und wenn, stellt sich bald heraus, dass auch sie die Geschichten nicht aus „erster Hand" erlebt, sondern von wieder anderen Leuten erfahren haben.

In sehr seltenen Fällen und an Orten, an denen ich es nicht erwartet hätte, bin ich Männern und Frauen mit bemerkenswerten spirituellen Fähigkeiten begegnet – Heilern, Sehern, Propheten, Weisen und Eingeweihten aus Ost und West. Ihnen zu begegnen und mit ihnen zu sprechen, ist stets ein Gewinn für mich gewesen. Andererseits bin ich niemals wissentlich mit einem Menschen in Berührung gekommen, mit dem auf meiner Ebene ein vertraulicher Gedankenaustausch stattfinden konnte. Vielleicht ist dies mein eigener Fehler. Für jemanden, der sich von seinen Mitmenschen in scheinbar wesentlicher Hinsicht unterscheidet, kann die Einsamkeit sehr schmerzlich sein.

Seit meiner Kindheit bin ich mir niemals sicher, ob meine Zeit- und Altersgenossen die für mich alltäglichen Erlebnisse als ungewöhnlich betrachten. Geschehnisse, an denen ich nichts Geheimnisvolles sehe, scheinen für andere, denen ich davon berichte, rätselhaft zu sein. Ich kann keine Lösung für dieses Problem finden.

Einer meiner angeheirateten Verwandten ist ein bekannter Mathematiker und Astronom. Ich bewundere sein ungeheures Wissen und bin gleichzeitig verblüfft über seine geistige Einstellung. Sollte er zufällig dieses Buch lesen, wird er seinerseits zweifellos ebenso fassungslos sein. Ein weiser Mensch wird den Standpunkt eines anderen nicht ungeprüft ablehnen, sondern nach einer gemeinsamen Ebene suchen, auf der man sich begegnet. Es wäre durchaus gerechtfertigt zu behaupten, sein Denken und Handeln nutze dem Mitmenschen, meines hingegen nicht. Ich würde wohl zögern, in dieser Hinsicht irgendeinen Anspruch zu erheben, aber es wäre schade, wenn meine Erfahrungen keine Hilfe bedeuteten. Niemand vermag diese Dinge selbst zu beurteilen. Wenn der starke Wunsch, Menschen in Not zu helfen, einem guten Motiv entspringt, werden sich die entsprechenden Gelegenheiten bieten, ohne nach ihnen suchen zu müssen.

Sinn der Vorausschau

Vor einiger Zeit suchte mich ein junger Mann auf Empfehlung eines gemeinsamen Freundes auf. Er stand im Begriff, nach Südafrika auszuwandern. Auf Bitten unseres Freundes hatte ich versprochen, ihm Empfehlungsschreiben an meine Bekannten in der Union und in Rhodesien mitzugeben. Er erzählte mir, dass er nach seinem Austritt aus der Armee als Bankangestellter gearbeitet hatte, darin aber kein Fortkommen sehe. Er beabsichtigte, seine Frau und die beiden Kinder vorerst in England zurückzulassen. Sobald er in Afrika Fuß gefasst hatte, wollte er sie nachkommen lassen. Nachdem er mich über seine Fähigkeiten und Pläne informiert hatte, setzte ich mich nieder, um die entsprechenden Empfehlungsschreiben zu diktieren, die er am Nachmittag in meinem Londoner Büro abholten wollte.

Mitten in der Arbeit wurde mir plötzlich klar, dass es Zeitverschwendung war. Ich erkannte, dass ein Unfall seinem jetzigen Leben ein jähes Ende bereiten werde, doch ich war machtlos, auf irgendeine Weise einzugreifen. Was sollte ich ihm sagen, wenn er später zurückkam? Wer trug die Verantwortung, mich daran zu hindern, ihn zu warnen? Was hätte ich ihm sagen sollen? Welcher Gefahr er entgegensah, blieb mir verborgen. Also diktierte ich weiter.

Als er mich später erneut aufsuchte, saß ich in einer Vorstandssitzung. Mein Sekretär ließ mir ausrichten, dass man mich dringend im Vorzimmer erwartete. Ich entschuldigte mich, die Sitzung verlassen zu müssen, und ging hinaus. Der junge Mann hatte sich nicht abweisen lassen. Er wollte mir danken und sich verabschieden. Sein Schiff gehe in einer Woche, erzählte er. Gab es irgendetwas, das ich ihm noch sagen wollte? Spontan fragte ich ihn, ob er sein Testament gemacht und zugunsten seiner Frau und seiner Kinder eine Lebensversicherung abgeschlossen habe. Er verneinte, versprach aber, dies vor seiner Abreise nachzuholen, auch wenn er sich Geld borgen müsse, um den Notar und die erste Versicherungsprämie zu zahlen. Er verabschiedete sich, und ich kehrte zu meiner Sitzung zurück. Der Gedanke, dass ein so junges Erdenleben kurz vor seinem Ende stand, betrübte mich. Innerlich wiederholte ich immer wieder den Satz: „Es steht dir nicht zu, in das Schicksal eines anderen einzugreifen." (Vor Jahren hatten mich dieselben Worte in Rom im Zusammenhang mit einem Unfall verfolgt.)

Der junge Mann ging an Bord eines Frachters, der nur wenige Passagiere mitnahm und nach Kapstadt auslaufen sollte. Als er sich von seiner Frau und den Kindern verabschiedet hatte, die sich wieder auf den Heimweg machten, bemerkte er, dass er nicht genügend Tabak und Zigaretten bei sich trug. Er ging wieder an Land, um sich einzudecken. Auf seinem Weg zurück zum Schiff verlor er seinen Weg zwischen den Rangiergleisen der Docks und wurde von einer Rangiermaschine erfasst und getötet, wie ich später erfuhr. Glücklicherweise war seine Witwe aufgrund der Versicherung angemessen versorgt.

Es gibt keine Lehre aus dieser Geschichte zu ziehen. Ich wünschte, dem wäre nicht so. Mir wäre es lieber gewesen, wenn man mir erlaubt hätte, die Tragödie abzuwenden, anstatt die Versorgung der Hinterbliebenen zu vermitteln. Welchen Sinn hat die Vorausschau, wenn man sie nicht besser nutzen darf? An einer zufriedenstellenden Antwort auf diese Frage mangelt es mir noch.

Häufig bitten mich Bekannte, einen Blick in ihre Zukunft zu werfen und ihnen zu berichten, was ich sehe. Ich bleibe stumm. Ich kann nichts „sehen", weder für sie noch für mich. Da ich ihre Neugier nicht zu befriedigen vermag, verlassen mich diese Leute mit dem verständlichen Empfinden, dass ich nur ein Geschichtenerzähler bin, den die „Fantasie" übermannt. Wer könnte es ihnen verübeln?

Ich bin überzeugt, dass wir in unserem augenblicklichen Entwicklungsstadium nicht in die Zukunft blicken und versuchen sollten, Ereignisse, die uns selbst oder andere betreffen, voraussehen zu wollen. Ich denke, „es genügt für den Tag", ob gut oder schlecht. Dies sollte unsere Einstellung sein.

Ich bemühe mich niemals, *bewusst* in die Zukunft zu schauen. Will man mich dazu verleiten, verschließe ich mich innerlich und gehe meiner Wege. Die Kraft der Vorausschau kann Gefahren bergen und oft Unglück bringen. Andererseits fällt es nicht leicht, sich „spontaner" Einblicke zu erwehren, die sich überraschend einstellen. Betreffen sie andere Menschen, so habe ich gelernt zu schweigen. Manchmal haben sie auch die Möglichkeit geboten, sinnvolle Ratschläge zu geben, aber ohne sie zu begründen.

Sucht mich jemand auf, den es zutiefst bedrückt, dass er nicht imstande ist, ein bestimmtes Problem zu lösen, darf ich gelegentlich die letztendliche Lösung „sehen". Wenn ich das Recht habe einzuschreiten, erkenne ich dies instinktiv und handele. Habe ich kein Recht, bestehe aber darauf, einen Rat zu erteilen, hat dies gewöhnlich verheerende Folgen. Wenn man mich fragt, was ich unter „Instinkt" verstehe, vermag ich leider keine eindeutige Definition anzubieten. Ich spreche nicht von Körperinstinkten, sondern von etwas, das man auch als Intuition bezeichnen könnte, die jeder von uns mehr oder weniger besitzt. Da Intuition und Verstand oft im Widerstreit liegen, erweist es sich gewöhnlich als unklug, blind der Intuition zu folgen, ohne vorher das Pro und Contra sorgfältig abzuwägen. Der Begriff „Intuition" entzieht sich ebenso wie der Begriff „Instinkt" einer unmissverständlichen Definition und unserem Verständnis. Wir sind eben noch Kinder in diesen Dingen.

„Sage ihr, sie soll meine Mutter sein."

Eines Tages besuchte mich eine Dame, um eine sehr persönliche Angelegenheit mit mir zu besprechen. Sie sehnte sich nach einem Kind, aber ihr Mann teilte diesen Wunsch nicht. Ich erklärte ihr sofort, dass kein Außenstehender sich in eine solche Angelegenheit einmischen sollte. Noch während ich sprach, bemerkte ich plötzlich einen hübschen sechsjährigen Jungen, der mit dem Finger auf meine Besucherin deutete und meinte: „Sage ihr, sie soll meine Mutter sein."

„Verschwinde und versuche nicht, dumme Streiche zu spielen", reagierte ich.

Erstaunt fragte die Dame, mit wem ich redete. Ich entgegnete, ich spräche mit ihr und fügte ärgerlich und eher unfreundlich hinzu, dass sie keinen Mann verdiene, wenn sie nicht besser mit ihm umzugehen wüsste. Um den Schlag abzumildern, ermunterte ich sie, dass mit ein wenig Geduld und ohne Groll alles gut werde. Ehe meine Besucherin ging, legte sie eine Fünfpfundnote auf den Tisch. Als ich es bemerkte, gab ich sie unverzüglich zurück. Für eine Fähigkeit, gleichgültig wie man zu ihr steht, der man Respekt entgegenbringen muss, habe ich mich niemals in meinem Leben bezahlen lassen. Es handelt sich nicht um eine Kraft, die gewollt (oder verkauft) oder beneidet werden sollte. Man muss sie sehr bedacht einsetzen. Sie zu besitzen, erfordert Verantwortungsbewusstsein, Disziplin und Training.

Ein Jahr später kam ein kleines *Mädchen* zur Welt, das beide Eltern glücklich willkommen hießen.

Beweise

Der Leser wird natürlich nach greifbaren Beweisen fragen, die die Wahrheit dieser Geschichten bestätigen. Wie könnten *äußere* Beweise die Wahrheit *innerer* Erlebnisse belegen? Ich lege keinen Wert darauf, ob man mir glaubt oder nicht. Eines Tages wird sich unser Blick weiten, und wir werden besser verstehen, als es heute der Fall ist. Viele meiner Erlebnisse werfen Fragen auf, die sich nicht leicht beantworten lassen. Wie dem auch sei! Jenseits von Zeit und Komplexität erstreckt sich die unendliche Ewigkeit. Ich halte es vor allem für wichtig, kein vorschnelles Urteil zu fällen, das auf unzulänglichen Kenntnissen beruht, sondern sich in Geduld zu üben und aufgeschlossen zu sein.

In einem anderen Fall besuchte mich ebenfalls ein kleiner Junge mit der Bitte, in eine bestimmte Familie hineingeboren zu werden. Als ich ihm erklärte, er solle sich um seine eigenen Angelegenheiten kümmern, meinte er, dass es doch um *ihn* ginge und er lieber bleibe, wo er jetzt sei, falls er nicht die Eltern haben könne, die er sich wünsche. Sein Wunsch wurde tatsächlich erfüllt. Einige Jahre später begegnete ich ihm auf physischer Ebene und erkannte ihn sofort. Ich weiß nicht, warum ein entkörpertes Wesen, das sich als Baby inkarnieren möchte, vorher in Gestalt eines kleinen Jungen erscheint, nicht als erwachsener Mann oder erwachsene Frau oder in irgendeiner anderen Gestalt.

Die Vergänglichkeit des Daseins

Ein weiser Mann, dem ich vor Jahren in Damaskus begegnet war, versicherte mir, dass unser augenblickliches Dasein lediglich ein flüchtiger Traum sei. Als ich ihm von meinen „außerirdischen" Erlebnissen erzählte, meinte er, sie seien „der Realität zwar um einen Grad näher", aber immer noch aus dem Stoff der Träume. Die Suche nach der Wirklichkeit ist ebenso trügerisch wie die Suche nach dem heiligen Gral, aber sie muss weitergehen, das liegt in unserem inneren Wesen begründet. Die absolute Wahrheit gleicht einem Edelstein mit unzähligen Facetten. Jeder wird seine eigene Himmelspforte finden. Andererseits mag es zu den unteren Regionen nur ein Tor geben, das wir wahrscheinlich durchschreiten müssen, wenn wir die Suche aufgeben. Diese unteren Regionen sind sehr interessant. Es lassen sich manche lehrreiche Lektionen lernen, wenn man jene besucht, die sich gezwungenermaßen dort aufhalten, und mit ihnen spricht. Ein solcher Besuch kann heilsamer wirken, als sich tausend Predigten anzuhören. Ich glaube, niemand wird sich hier und jetzt seiner persönlichen Hölle entziehen können, ebenso wenig wie er sich seines eigenen Himmels berauben lassen muss. Dieser Gedanke erinnert mich an eine seltsame Begebenheit.

Ein Erlebnis im Orient-Express

Im Frühjahr 1938 reiste ich mit dem Orient-Express nach Konstantinopel. Ich hatte eine Ausgabe von Dantes *Inferno* mitgenommen, um unterwegs darin zu lesen, und dachte darüber nach, welcher Geist Dante wohl gewesen sein mochte und wie er die Welt betrachtet hatte. In Bulgarien hielt der Zug unvermutet auf freier Strecke an. Ich blickte aus dem Fenster und sah zu meiner Überraschung einen gutaussehenden, elegant gekleideten Mann mittleren Alters im Schnee den Bahndamm entlanggehen. Er schaute zu mir hinunter und nickte lächelnd. Der Zug setzte sich wieder in Bewegung und fuhr kurz danach in einen Tunnel ein. Aus irgendeinem Grund brannte in meinem Abteil kein Licht. Als wir wieder ans Tageslicht kamen, stellte ich überrascht fest, dass jener Mann vom Bahndamm mir gegenüber in der Ecke meines Abteils saß. Er sah Dantes Meisterwerk neben mir auf dem Sitz liegen. Bald waren wir in ein höchst interessantes Gespräch über die Problematik von Himmel und Hölle und das Rätsel unseres augenblicklichen Daseins vertieft. Obwohl offensichtlich kein Engländer, war die Aussprache meines Reisegefährten tadellos. Seiner Kleidung und geistigen Einstellung nach zu urteilen, schien er Ungar zu sein. Leider habe ich keine Notizen von unserem damaligen Gespräch gemacht. Als der Speisewagenkellner das Abendessen ankündigte, lud ich meinen Besucher ein, mein Gast zu sein. Zu meiner Überraschung lehnte er freundlich mit der Begründung ab, keine Nahrung zu sich zu nehmen. Angesichts dieses Rätsels ging ich etwas verwirrt zum Speisewagen. Als ich nach einer Stunde zurückkehrte, fand ich ein leeres Abteil vor. Der Zug hatte in der Zwischenzeit nirgendwo gehalten. Bis heute bin ich mir nicht sicher, ob ich mit einer „Erscheinung" oder einem tatsächlichen Menschen gesprochen habe. Es gab keinerlei Grund, letzteres nicht anzunehmen.

Einige Tage später stand ich in Skutari, am Bosporus, auf dem Bahnsteig vor der Tür meines Waggons. Mein Gepäck befand sich bereits im Zug. Da erschien mein Freund aus dem Orient-Express erneut. Er stand in einiger Entfernung mitten in der Menge und nickte heftig mit dem Kopf. Ich war so verblüfft, dass der Zug ohne mich abfuhr. Kurz darauf verunglückte der Zug etwa hundertfünfzig Kilometer weiter. Das meiste des zum Teil blutbefleckten Gepäcks erhielt ich schließlich zurück. Inzwischen war mein Ärger über den verpassten Zug und die versäumten Verabredungen verraucht. Offensichtlich gibt es Fälle, in denen äußere Einflüsse oder Intelligenzen Leben und Schicksal eines Menschen beeinflussen, was aber nur selten geschieht. Andererseits bin ich davon überzeugt, dass über jedem von uns ein gütiger Führer oder Schutzgeist wacht, dessen Hilfe und Rat im Notfall durch Gebet gesucht und gefunden werden kann.

Höheres Eingreifen

Als ich im Dezember 1917 schwerverwundet in den Hügeln von Jerusalem lag, betete ich um Führung oder um mein baldiges Ende. „Jemand" kniete an meiner Seite nieder und gab mir Anweisungen, die schließlich zu meiner Rettung führten. Später machte ich mir im Lazarett in Kairo einige Notizen von dem Vorgang, auf denen der folgende Bericht basiert.

Rettende Präsenz

Es war ein strahlend blauer Sonnentag in dieser herrlichen Landschaft gewesen. Wir schrieben Sonntag, den 2. Dezember 1917, vierzehn Tage vor der Eroberung Jerusalems durch Allenbys Truppen. Laut Befehl hatten wir abends um acht Uhr, etwa zwölf Meilen nordöstlich der Stadt, den Hügel von Beit el Fokka hochzukriechen, von wo aus man fast den Stadtrand überblicken kann. Es war stockfinster. Stellenweise ließen sich die Felsbrocken kaum überwinden. Wir kamen nur stockend voran. Die Männer (aus der Devon Kavallerie-Truppe zusammengezogen) waren guten Mutes, denn sie wussten nicht, was auf sie zukam. Nur die Offiziere wussten es. Ich selbst hielt es für ein tollkühnes Unterfangen. Achthundert Meter vom Gipfel entfernt, der sich etwa dreihundert Meter über uns erhob, legten wir uns nieder, um auf den Mondaufgang zu warten. Wir befanden uns in keiner angenehmen Situation. Nur die Schreie der Schakale unterbrachen die Stille.

Plötzlich stieg der Mond über die Hügel und verwandelte die Gegend in eine Märchenlandschaft. Wir konnten meilenweit sehen. Vor uns lagen die Orangenhaine, dahinter die Ebenen und das Meer. Es dauerte nicht lange, bis man uns entdeckte. Überall lauerten türkische Heckenschützen, die ihre Maschinengewehre geschickt in Höhlen und Felsspalten versteckt hielten. Auf dem Hügelkamm befanden sich die Brustwehre. Es folgte ein kahles, deckungsloses Plateau, an das sich die Mauerreste einer alten römischen Siedlung anschlossen. Die erste Welle der Männer kroch langsam vorwärts. Die Einheit, die mir unterstellt war, gehörte zur zweiten Welle. Wir folgten stockend nach. In der Ferne hörte man vereinzelte Schüsse. Dann setzte das Chaos ein. Es regnete Maschinengewehrsalven. Ich kann nicht sagen, ob auch nur ein einziger Mann aus der ersten Welle überlebte. Der Mond schien uns in die Augen, was es uns unmöglich machte, gezielt zurückzufeuern. Türkische Geschütze, die zwei Meilen von uns entfernt standen, nahmen uns unter Beschuss. Wir konnten unsere eigenen Stimmen nicht mehr hören. Die ersten Männer fielen. Einige brachen lautlos in sich zusammen, andere stöhnten im Todeskampf und regten sich dann nicht mehr. Die erste Welle benötigte Verstärkung. Ich führte meine Leute in die vorderste Linie. Wir rannten und sprangen über und um die Felsen herum und warfen uns nieder, um Atem zu holen.

Auf beiden Seiten der Front war Wasser Mangelware. In einem alten Römerdorf auf dem Gipfel kämpften wir um zwei Brunnen. Unter Kugelhagel erreichten wir etwa fünfzehn Meter unterhalb des Kammes die Frontlinie, pflanzten unsere Bajonette auf und stürzten uns auf die zusammengekauerten Türken. Es war grauenvoll. Als ich über den Kamm sprang, wurde ich im Bewusstsein über das Blutbad erhoben. Ich sammelte meine Leute. Gedeckt von Maschinengewehrfeuer, das über den Grat, auf dem wir lagen, strich, schwärmte der Feind, der vorübergehend vom Gipfel vertrieben worden war, zwischen den Bäumen zurück. Flach auf dem Grat liegend, versuchten wir vergeblich, sie mit unseren Schüssen abzudrängen. Plötzlich sprang ein Trupp schreiender Türken auf den Grat, aber sie kehrten niemals zurück. Hunderte folgten ihnen, angeführt von Offizieren in britischem Khaki, die in recht gutem Englisch schrien: „Nicht schießen! Nicht schießen!“ Wir bekamen den Befehl, nicht vorzurücken. Da lagen wir also, um einer nach dem anderen abgeschossen zu werden, da unser eigenes Feuer zu hoch ging und kaum Schaden anrichtete.

Auf dem kahlen Felsen konnten wir uns nicht eingraben. Die

Handgranaten, die man uns schickte, warfen wir mehr oder weniger blindlings über den Kamm. Neben mir stand unsichtbar jemand, ein Wächter, der ernst und besorgt zu sein schien. In wenigen Sekunden würde sich mein Schicksal entscheiden. Ich forderte Verstärkung an und richtete mich halb auf. In einem Feigenbaum unterhalb sah man einen Heckenschützen, der sich nicht vertreiben ließ. Das Jammern verwundeter Feinde drang zu uns herauf. Auf dem Kamm war es still. Unsere eigenen Leute, die es getroffen hatte, empfanden keine Schmerzen mehr. Plötzlich wusste ich, dass mein eigenes Schicksal besiegelt war. Der Heckenschütze im Feigenbaum schoss, und ich sackte verwundet in mich zusammen. Mein Feldwebel kam herüber, um nach mir zu sehen, fiel aber tot über mich. Sein Gewicht presste mich flach auf den nackten Boden, über den die Kugeln jagten. Ich blutete in Strömen, konnte mich aber nicht rühren.

Es herrschte absolute Stille, als die Sonne in all ihrer Herrlichkeit über den Bergen von Judäa aufging. Mühsam hob ich den Kopf. Es war bitterkalt an jenem Morgen, und es gab keinerlei Zeichen von Leben mehr um mich herum. Was war zu tun? Ich sehnte mich nach einer zweiten Kugel, als das Feuer erneut einsetzte. Der Feind stürmte über den Kamm, spießte mit den Bajonetten die Verwundeten auf und warf sie in die Brunnen, um das Wasser zu verseuchen. Niemand, der noch ein Lebenszeichen von sich gab, blieb verschont. Der auf mir liegende Körper des Feldwebels bewahrte mich vor dieser Demütigung.

Die unsichtbare Präsenz kniete wieder an meiner Seite und forderte mich auf, meinen Kopf flach auf den Boden zu legen. Ich gehorchte und verhielt mich still. Dann vernahm ich ein leises Flüstern an meinem Ohr. Da ich in späterem Leben noch für eine Aufgabe benötigt werde, könne ich jetzt nicht sterben, auch wenn ich es mir wünschte. Die bevorstehenden Erfahrungen wären sehr wichtig für mich, da sie mein Vertrauen auf die Probe stellten. Der Kamm, auf dem ich lag, konnte nicht gehalten werden. Wäre ich nicht verwundet worden, hätte ich dort ausharren müssen, bis man mich tötete. Später erfuhr ich, dass niemand überlebte hatte. Mein „Führer“ hatte die Entscheidung getroffen, auf welche Weise ich in Sicherheit gelangen konnte. Während meine Flucht vorbereit wurde, musste ich weiterhin bewegungslos liegenbleiben. Ich sollte „blind und vertrauensvoll gehorchen“.

An mehr kann ich mich nicht erinnern, nur dass ich beruhigt war. Ich lag da und wartete. Es musste wohl eine Stunde vergangen sein, als man mir „sagte“, ich solle mich bewegen. Als ich mich aufrichtete, bemerkte ich, dass der Leichnam des Feldwebels und sein Gewehr von mir abgerollt waren. Neben mir lag überraschenderweise ein dicker, gebogener Stock, mit dessen Hilfe es mir gelang, vorwärts zu kriechen, ohne zu wissen, in welche Richtung. Später wurde ich zu einer Höhle geleitet, in der es frisches Wasser gab, und schließlich in Sicherheit gebracht.

Im Lazarett meinte der mich behandelnde Chirurg, dass die Kugel meinen Körper durchdrungen hatte, ohne eine Arterie zu verletzen, ein lebenswichtiges Organ zu berühren oder einen Knochen zu zersplittern. Diese erstaunliche Tatsache hielt er nahezu für ein Wunder.

Wer entscheidet, wann in dieser Weise eingegriffen werden darf? Wer sorgt, wenn erforderlich, für einen Helfer? An anderer Stelle habe ich bereits über das Geheimnis der Vorahnung gesprochen. Bisweilen kann eine schlichte Vorwarnung ungeheure Folgen haben.

Von der Unterhaltung, die zwei junge Offiziere am Vorabend jener Schlacht in Palästina führten, wurde oft berichtet. Der folgende Auszug ist der Broschüre „Rund um die Welt um neun Uhr“ entnommen.

Der Ursprung der Schweigeminute

Während der Gefechte in den Bergen rund um Jerusalem, Anfang Dezember 1917, unterhielten sich zwei britische Offiziere über den Krieg und seine möglichen Nachwirkungen. Die Unterhaltung fand am Abend vor einer Schlacht im Höhleneingang eines Gebirgspostens statt. Einer der beiden, ein Mann von ungewöhnlichem Charakter und Weitblick, erkannte intuitiv, dass seine Tage auf Erden gezählt waren, und meinte: „Wie Millionen anderer Menschen in diesem Krieg, werde ich diesen Kampf nicht überstehen. Es ist mein Schicksal, jetzt weiterzugehen. Du wirst überleben, um einen größeren und heftigeren Konflikt zu sehen, der in allen Kontinenten und Meeren und in der Luft ausgetragen werden wird. Erinnere dich an uns, wenn dieser Zeitpunkt kommt. Gleichgültig, wo wir sein werden, möchten wir teilhaben. Gib uns die Gelegenheit dazu, denn für uns wird es ein gerechter Krieg sein. Wir werden nicht mit materiellen Waffen kämpfen, sondern dir helfen, wenn du uns lässt. Wir werden eine unsichtbare, aber starke Macht sein. Gib uns die Chance, unseren Teil beizutragen. Es wird dir genügend „Zeit" zur Verfügung stehen. Borge uns jeden Tag einen Augenblick und schenke uns durch dein Schweigen unsere Gelegenheit. Die Kraft der Stille ist stärker, als du glaubst. Wenn jene tragischen Tage kommen, vergiss uns nicht."

Die Worte sind aus der Erinnerung wiedergegeben. Am folgenden Tag fand der Sprecher den Tod. Ich selbst blieb schwer verwundet und auf feindlicher Seite zurück, vermochte aber mit einem Empfinden wundersamer Rettung zu den britischen Linien zurückzukehren.

Damals wurde die Idee geboren, dem vereinten Gebet und der Stille täglich einen Augenblick zu widmen, die später als die *Schweigeminute* bekannt wurde, die der Big Ben allabendlich verkündete.

Ist es nicht eigenartig, dass eine heute so weitverbreitete Bewegung aufgrund der Vorausschau eines einzelnen Mannes ins Leben gerufen wurde, der sich darauf vorbereitete, Abschied von seinem irdischen Dasein zu nehmen?

Die Geschichte hat gezeigt, dass das Schicksal der Menschheit oft von scheinbar bedeutungslosen Vorfällen abhängt. Ich denke, aus dieser unbestrittenen Tatsache lässt sich eine Lehre ziehen. Hätte Hitlers favorisierter Wahrsager nicht den Sieg Deutschlands vorausgesagt, wäre es wohl kaum zum Zweiten Weltkrieg gekommen. Wahrscheinlich tragen die geballten Kräfte hinter einem Weltereignis oder den Ereignissen im Leben eines Menschen die Verantwortung für den letzten geringfügigen „Zwischenfall", durch den die Schicksalsmächte entfesselt werden.

Wenn das Geschick von Königen und Weltreichen an einem einzelnen Faden hängt, könnte dieser Faden den ungeheuren Kräften als Werkzeug dienen, in einer Weise zu wirken, die jenseits menschlichen Vorstellungsvermögens liegt. Andernfalls würde das vor uns liegende Weltbild jenen, deren Blick sich auf die unmittelbare Gegenwart beschränkt, ein unlösbares Rätsel aufgeben.

Kapitel IV

„Stimmen“

Am 15. November 1917 saß ich bei Sonnenuntergang allein an Deck eines Transportschiffes im östlichen Mittelmeer. Abgesehen davon, dass die Türken versucht hatten unser Schiff zu torpedieren, war es ein wunderschöner Tag gewesen. Strahlend ging die Sonne unter. Die See war ruhig, und über uns leuchteten die Sterne auf. Es herrschte absolute Stille. Plötzlich erfüllte erregtes „Stimmengewirr“ die Nacht. Zunächst vermochte ich nichts zu unterscheiden. Ich schien von unzähligen unsichtbaren Wesen umschwirrt zu sein, die darauf drangen, dass ihre Stimme gehört und verstanden wurde. Sie redeten in verschiedenen Sprachen, in Englisch, Französisch, Deutsch, Russisch, Italienisch und zahlreichen östlichen Dialekten. Es herrschte ein einziger Wirrwarr von Klängen, über den sich seltsamerweise eine Idee erhob, die Form annahm. Lange starrte ich auf die vor mir stehende Gestalt, die sich unmöglich beschreiben lässt, und versuchte angestrengt, ihren Sinn zu entschlüsseln. Die Idee erhob sich *über* das babylonische Sprachgewirr, das mich von allen Seiten umgab. Es quoll aus dem Meer, kam durch die Luft und vom Himmel herunter. Allmählich erstarben die Stimmen, und jene *Gestalt* wurde kurz deutlicher, ehe sie verschwand. In diesem Moment erahnte ich die Bedeutung. Rasch holte ich mein Notizbuch hervor und schrieb schnell etwas über den Sinn dieser Stimmen nieder. Ein seltsamer Schrei durchschnitt die Nacht, scharf und unkontrolliert, traurig und zugleich beharrlich klagend:

„Unsere Stimmen *müssen* gehört werden. Eines Tages werden unsere Stimmen gehört werden. Keine Macht kann uns davon abhalten zu sagen, was wir zu sagen haben. Was müssen wir unbedingt sagen?

Warum sollten wir schweigen, während die Welt vor Schmerz und Qual ächzt? Unsere Botschaft muss verkündet werden, gleichgültig, was geschieht; eine Botschaft, die in gewissem Maße die Gedanken und Ideale unzähliger von uns zum Ausdruck bringen will, die scheinbar ohne Ende auf den Schlachtfeldern Europas und anderswo sinnlos erschlagen wurden. Die Großen dieser Welt reden von kommenden Kriegen, als ob der Konflikt unter den Menschen niemals enden werde. Was dies betrifft, haben wir das Recht, gehört zu werden. Wir werden so lange reden, bis unsere Botschaft verkündet wurde. Wer wagt es, uns das Recht zu versagen, von der anderen Seite des Flusses, den wir überschritten haben, zu sprechen, nur weil man uns unserer Körper, die in der Blüte ihrer Kraft standen, beraubte? Wer wagt es, Barrieren des Unglaubens zu errichten und zu behaupten, wir seien tot, für immer gegangen? Weil ein grausames Schicksal unser Erdenleben genommen, uns unserer Menschenrechte beraubt, uns durch den Raum in ein fremdes, schweres Leben geschleudert hat, besteht kein Grund, nicht aussprechen zu dürfen, was uns bewegt, und unsere Botschaft dorthin zu tragen, wo immer noch Chaos herrscht und ein erbarmungsloser Aufruhr tobt. Wir kommen aus allen Völkern und sprechen zu allen Völkern. Wir machen keine Unterschiede zwischen Farbe, Glaubensüberzeugung und Geschlecht. Wir erheben Anspruch auf unser Recht, trotz des irdischen Getöses gehört zu werden. Wer will uns daran hindern? Das Leben selbst kann uns nicht genommen werden, denn nur Gott allein kann Leben geben und nehmen. Man hat uns nicht unser Leben genommen, nur die Form, in der wir es zum Ausdruck brachten. Genommen wurde uns die Möglichkeit, zu dienen und Erfahrungen zu sammeln. Auf der anderen Seite wird der Tag des Gerichtes kommen, der Tag der Wiedergutmachung und der Reue. Dann wird Frieden einkehren. Unsere zerbrochenen Körper liegen unter Hunderten von Schlachtfeldern begraben, aber unsere Seelen leben weiter. Wir haben den Tod in einer Weise besiegt, die selbst wir noch nicht erkennen. Hört, was wir zu sagen haben. Haben wir nicht das Recht, offen zu reden? Sind wir nicht für einen guten Zweck mutwillig gemordet worden? Wer sind wir, die wir zu euch sprechen? Wer erteilte uns die Vollmacht? Wenn ihr es wissen wollt, dann hört zu.

Ich bin ein französischer Soldat. Ich habe in vielen Schlachten gekämpft, wurde dreimal verwundet, litt entsetzlich, wurde gefangengenommen und starb eines erbärmlichen Todes – frierend, hungernd und von zahlreichen Krankheiten befallen. Muss ich euch von dem Schmerz meiner Frau, meiner Kinder und meiner Mutter berichten? Die Geschichte ist zu heilig in ihrer Tragödie. Ich wage nicht, darüber zu reden. Was hat die Welt durch die Schrecken meines Lebens und meinen Tod gewonnen? Sagt es mir!

Ich bin ein belgisches Mädchen. Ich starb auf dem Marktplatz, nackt und allein. Werde ich das Grauen meiner letzten Stunden auf Erden jemals vergessen können? Man riss mich von Zuhause fort, ich wurde entkleidet und auf dem Marktplatz zu Boden geworfen. Es war Abend. Ich blickte zu den schweigenden Sternen empor und wünschte zu sterben. Der Tod ließ lange auf sich warten. Während der ganzen Nacht und darüber hinaus verharrte ich auf meinem Leidensweg. Könnt ihr euch vorstellen, was dies bedeutete? Die feindlichen Soldaten waren in jener ersten und schrecklichen Nacht eingefallen. Sie waren betrunken und standen lachend und höhnend um mich herum und missbrauchten meinen Körper, um ihre sexuelle Gier zu befriedigen. Sie holten meine Mutter, meinen Vater und meine jüngeren Geschwister und zwangen sie, meine Todesangst und meine Scham mit anzusehen. Muss ich mehr sagen? Schließlich erlöste mich der Tod, und nun bin ich hier. Eines Tages werde ich wieder Frieden finden oder, noch besser, vergessen. Ich bin nur eine von Unzähligen. Was hat die Welt durch die Schrecken meines Lebens und meinen Tod gewonnen? Sagt es mir!

Ich war ein junger russischer Bauer, voller Lebensfreude und Hoffnung. Eine Granate riss mir den Arm ab. Stundenlang blieb ich auf dem Schlachtfeld liegen und verblutete. Ich starb allein und in Todesangst. Nichts vermag dies aus meinem Gedächtnis zu löschen. Über die Gedanken, die mich bewegen, kann ich kaum reden. Aber sagt mir eines, was haben die Welt oder mein Land durch mich gewonnen? Was ist aus mir geworden?

Ich war bei der preußischen Garde und diente meinem Vaterland während fast drei Kriegsjahren. Warum sollte ich nicht reden? Mein Land windet sich immer noch im Todeskampf. Der Totentanz nimmt kein Ende. Ich fand den Tod durch englisches Gas. Zwei Tage lang lag ich außerhalb des Schützengrabens, erstickte langsam und hauchte mein Leben blutend und mit Schaum vor dem Mund aus. Ich spreche für Tausende meiner Landsleute. Unsere Stimmen verschmelzen mit jenen, die über die Kluft zu euch sprechen. Es darf keine Kriege mehr geben.

Du kennst meine Stimme. Ich kann mich auf deine Freundschaft aus der Zeit meines Erdendaseins berufen. Du kennst meine Geschichte gut. Ich wurde bei Sonnenuntergang kurz hinter der französischen Linie erschossen. Ich fand einen raschen Tod. Spielen Einzelheiten eine Rolle? Es genügt, dass ich noch lebe. Meine Arbeit hier bringt mich mit den Verletzten, die auf den Schlachtfeldern sterben, in Berührung. Füge meine Worte dem hinzu, was dir andere Soldaten bereits über ihren Kriegstod erzählt haben. Wir dürfen nicht glauben, dass wir umsonst gestorben sind."

„Wer sind wir, dass wir zu euch sprechen? Unsere Stimmen vereinigen sich in derselben Botschaft. Obgleich wir allen Völkern angehören, bekämpfen wir uns nicht mehr gegenseitig. Wir wollen nur noch sprechen, unsere Botschaft verkünden und unseren Einfluss fühlbar und verständlich machen. Die einzelnen Geschichten zu erzählen, bedeutete eine endlose Aufzählung von Kriegstragödien. Es hieße, über die abscheulichsten Leidenschaften, hinterhältige Verbrechen, unbändige Begierden und unfassbares Elend zu reden, ausgelöst durch die Kampfsignale. Für uns ist dies alles vorüber. Wir sind nicht zurückgekehrt, über das Vergangene zu reden, sondern über das, was sein wird und sein muss, wenn die Menschheit nicht in der Finsternis einer niemals endenden Nacht versinken will. Wir wollen unsere Botschaft verkünden. Wir verlangen, gehört zu werden. Achtet auf unsere Worte. Solange Kriege toben, dürfen wir nicht schweigen. Keiner von uns wird die Seligkeit des Himmels erreichen, solange es die Qualen der Schlachtfelder gibt. Wir arbeiten daran, dass es niemals mehr Kriege geben wird. Inzwischen gibt es Millionen von uns. Wir wirken in Gruppen, Ratsversammlungen und Gemeinschaften. Wir stehen hinter dem Ruf der Völker nach Frieden. Wir bemühen uns, dass Russland die Stimme seines Volkes hört. In jedem Konflikt treiben wir unsere Sache voran. Unsere Macht wächst und wird größer als jede Macht der Kriegsherren werden, die sie uns entgegenzusetzen versuchen.

Wir inspirieren viele, die nichts von unserer Anwesenheit wissen. Wir stehen hinter Königen, sitzen in Rathäusern und gehen zur Mittagszeit über die Marktplätze dieser Welt. Auf den Schlachtfeldern sind wir stets zugegen. Wir durchziehen die Gedanken der Großen dieser Erde. Unbewusst fürchten uns alle. In ihren einsamen Stunden sitzen wir neben Priestern und Seelsorgern. Wenn sie nach ihrer Predigt vom gerechten Krieg von der Kanzel herabsteigen, entfachen wir anstatt Frieden Krieg in ihrem Inneren. Wir bleiben jenen hart auf den Fersen, die den Namen Gottes missbrauchen. Aus irgendeinem materiellen Grund bitten sie Ihn doch tatsächlich um Sieg. Sie rufen vergebens. Solchen Menschen wird Gott nicht helfen.

Wir sitzen neben unseren Kriegskameraden im Graben, im Feldlager und in der Baracke. Sie kennen uns nicht, fühlen aber unbewusst unsere Anwesenheit und unsere Gedanken. Es darf keinen Krieg mehr geben! Unsere Kraft wird immer stärker werden. Es wird die Zeit kommen, in der wir die Todesangst in die Herzen all derer senken, die sich uns in den Weg stellen. Wir kämpfen und *wie* wir kämpfen, um unserer Stimme Gehör zu verschaffen. Keine weltliche Macht vermag uns zurückzuhalten. Wir werden gehört werden. Wir sind zielstrebig, energisch, unnachgiebig und stark in unserer Einigkeit.

Niemand wage zu behaupten, dass wir umsonst gestorben sind. Niemand wage es, sich zwischen uns und unsere Aufgabe zu stellen, der wir uns verpflichtet fühlen.

Unsere Botschaft gilt allen. Hört genau hin, ehe es zu spät ist. Wir wollen eine unvorstellbare Bedrohung abwenden. Achtet auf unsere Worte! Der Friede eines Volkes, eines Soldaten, der Friede eines Kindes, das ist der Friede, der geschlossen werden muss.

Um dies zu erreichen, müssen alle verzichten, Opfer bringen und sühnen. Am Horizont erkennen wir schwache, sehr schwache, aber segensvolle Zeichen. Wir können und wollen nicht ruhen. Sagt es den einfachen Menschen dieser Welt, den schlichten Seelen, die lautlos in Gräben oder an anderen Orten leiden, den ruhigen und unerschütterlichen Männern und Frauen, die beobachten, warten und beten. Sagt ihnen, dass wir mit ihnen sind. Wir wagen nicht zu beobachten, wir handeln. Wir können nicht beten. Wir sehnen den Tag herbei, an dem wir vor unserem Gott niederknien und ihm sagen können, dass die Aufgabe, der wir uns verpflichtet haben, erfüllt ist. Ihr, die ihr im Krieg kämpft! Bald werdet ihr unsere Stimmen vernehmen. Aus dem Jenseits kämpfen wir unaufhaltsam für den Frieden.

Zum Abschluss noch ein Wort. Wir alle sollten einen wesentlichen Aspekt nicht außer Acht lassen. Friede wird jenen zuteil werden, die mit sich selbst in Frieden sind. Ein solcher innerer Friede ist tausendmal mehr wert als jeder errungene Sieg auf einem äußeren Schlachtfeld. Seid ruhig! Lauscht dieser inneren Stimme! Gehorcht dieser leisen Stimme! Handelt niemals, ohne dass sie euch dazu veranlasst. Läutert das Heiligtum in eurer Seele, damit Christus einzutreten vermag. Verriegelt nicht die Tore. Christus wartet draußen. Er klopft überall an. Trotz des betäubenden Lärms der Schlachtfelder hören wir Seine Stimme. Seine Botschaft ist die bedeutungsvollste. Hört auf jene leise Stimme in eurem Inneren. Lebt mit ihr, lauscht ihr, und alles wird gut werden. Mehr gibt es nicht zu sagen."

Dieser Botschaft aus dem Ersten Weltkrieg möchte ich die Worte eines Soldaten hinzufügen, der noch auf der Erde weilt und heute noch unter den fürchterlichen Seelenqualen aus dem Zweiten Weltkrieg leidet.

Wir begegneten uns vor einigen Jahren auf einer meiner Reisen. Seither habe ich alles in meiner Macht stehende unternommen, um ihm zu helfen, die Vergangenheit zu vergessen und hoffnungsvoll und mutig der Zukunft entgegenzublicken. Ich versuche, so gut ich kann, seine eigenen Worte in der Übersetzung wiederzugeben. Sein Name ist unwichtig, ebenso auf welcher Seite er kämpfte; denn was er zu sagen hat, übersteigt die Schranken von Nation, Volk oder Glauben. Seine Botschaft betrifft uns alle. Wer immer wir sein mögen, ihre Bedeutung können wir nur auf eigene Gefahr hin ablehnen.

Stockend und aus der Tiefe seiner Not erzählte er:

„1939 war ich noch ein starker, glücklicher und lebensfroher Schuljunge. Zu Beginn des Krieges war ich fast achtzehn Jahre alt und beabsichtigte, Jura zu studieren. Ich stammte aus einer wohlhabenden Familie und war in einem kultivierten und angenehmen Umfeld aufgewachsen. Als einziger Sohn blickte ich einer leuchtenden Zukunft entgegen. Damals fühlte ich mich obenauf. Jetzt befinde ich mich im Abgrund und kann den dunklen Erinnerungen an die Kriegsjahre und was sie mit mir gemacht haben, nicht entfliehen.

Im Herbst 1939 wurde ich einberufen und kurz darauf zwecks Ausbildung zu einer Spezialeinheit abkommandiert, um in einem sogenannten Kommando- oder Stoßtrupp zu dienen.

Wir zählten damals etwa zweihundert Männer. Unsere Ausbilder waren von einer unvorstellbaren Brutalität. Ich habe mich seither oft gefragt, wie eine Nation, die sich selbst als christlich bezeichnet, das, was wir im Namen des „Patriotismus" erleiden und tun mussten, sanktionieren und tolerieren konnte. Unsere Ausbildung diente ausschließlich dem Zweck zu lernen, wie wir unsere Hände und Körper am besten nutzten, um andere Soldaten geräuschlos und rasch zu ermorden.

Unsere einzige Waffe war das Messer. Andere Waffen waren nicht zulässig. Man erklärte uns, dass das Messer nur der Selbstverteidigung diene und unsere Hände unsere einzige Angriffswaffe sein müssten.

Lange bevor ich in den aktiven Dienst eintrat, war alles Licht aus meinem Leben erloschen und jegliche Hoffnung für die Zukunft verblichen. Man hatte mich zum Mordinstrument gemacht, grausam beherrscht bis zu einem Punkt, an dem es keinen freien Willen und kein Persönlichkeitsempfinden mehr gab.

Man lehrte uns das geräuschlose Anschleichen an Schildwachen und Posten, um sie unerwartet zu überfallen und zu erdrosseln. Es wurden sogar Beispiele gezeigt.

Der Krieg war ein einziger Alptraum für mich. Ich bedauere nur, dass ich keinen Selbstmord begangen habe. Wir wurden in ganz Europa und in Afrika eingesetzt und waren vorwiegend hinter den feindlichen Linien tätig. Am Ende war ich einer von fünf der ursprünglichen Anzahl, der unversehrt überlebte.

Ich habe Menschen oft kaltblütig ermordet und ohne den „Trost", dass es in der Hitze des Gefechts passierte. Meine Hände werden niemals mehr rein. Viele Male stand das, was noch von meinem besseren Selbst übriggeblieben war, vor mir und forderte mich auf: „Mache es nicht! Mache es nicht!" Zu meiner unaussprechlichen Schande tat ich es doch. Als man mich schließlich entließ und ich nach Hause zurückkehren konnte, fühlte ich mich als Außenseiter, unfähig, die Fäden meiner Existenz als Mann wieder aufgreifen zu können. Für meine eigene Verwandtschaft bin ich ein Fremder geworden und wandere jetzt einsam umher.

Das Mädchen, das ich so innig liebte und das niemals aufgehört hatte, auf mich zu warten, wagte ich nicht zu heiraten. Kann ich Kinder in die Welt setzen, die mich „Vater" nennen?

Helfen Sie mir, wenn Sie können, ehe ich den Rest meines gesunden Menschenverstandes verliere. Helfen Sie mir, zu vergessen und zu vergeben und unaufhörlich für jene zu beten, die ich aus „christlichem Patriotismus" (für Gott und das Vaterland) ermordet habe.

Mir bleibt nur noch der Wunsch, dass meine Geschichte und mein Beispiel das Gewissen der Menschen wachrütteln möge, damit alle, die neue Kriege vorbereiten und künftige Generationen in der Kunst des Mordens ausbilden, für immer aus ihren Machtpositionen im Völkerrat vertrieben und aus den Regierungen aller Nationen ausgestoßen werden."

Kapitel V

Die Frage des Weiterlebens

Seit der Jahrhundertwende und insbesondere nach dem Ersten Weltkrieg ist das Interesse bezüglich eines Weiterlebens nach dem Tode und der dort zu erwartenden Wirklichkeit stark gestiegen. Vor der Reformation stellte sich für den Christen wohl kaum die Frage, ob das Leben des Einzelnen mit der Auflösung seines physischen Körpers endet. Es lässt sich nicht nachvollziehen, warum sich in jüngster Zeit eine solche Angst breitgemacht hat. In den protestantischen Kirchen wird selten für jene gebetet, die nicht mehr unter uns weilen. Gebete für die Kranken sind in vielen Kirchen immer noch Bestandteil des Gottesdienstes. Oft hört man die Bemerkung: „Wussten Sie, dass in der Kirche für Herrn X. gebetet wurde? Er liegt wohl im Sterben." Sobald der Tod eintritt, werden die Gebete in den meisten Fällen eingestellt. Was die Kirchenväter oder Heiligen betrifft, geht man davon aus, dass sie „hinter dem Schleier" noch leben. Unsere religiösen Führer scheinen selten in der Lage zu sein, über das Leben nach dem Tod in einer Weise zu sprechen, die den Hinterbliebenen Trost spendet und die sie verstehen. Kommunisten und Gleichgesinnte scheint der schreckliche Gedanke, dass das persönliche Leben mit dem Tod endet, keineswegs zu beunruhigen.

Andererseits findet man gerade bei den bekennenden Christen eine große Angst vor dem Tod. Dieses Thema interessiert mich ganz besonders, da ich immer wieder von Geistlichen auf die Schwierigkeit angesprochen werde, Hilfesuchenden einen klaren Weg zu weisen. Dies mag teilweise daran liegen, dass die spiritistische Bewegung ihre eigenen Kirchen gegründet und orthodoxe Christen angezogen hat. Viele Geistliche suchen selbst ebenso nach Aufklärung wie diejenigen, die um ihren Rat fragen.

Ich hoffe, einige meiner Erlebnisse in der anderen Welt können dazu beitragen, den Horizont jener zu weiten, die noch verunsichert sind und die Erklärungen der Kirchen für unzureichend halten, um ihnen ihre Angst vor der Zukunft zu nehmen. Die meisten Menschen, denen ich begegne, halten es nicht für möglich, den physischen Körper vor dem Tod zu verlassen. Nur wenige haben erkannt, dass der Mensch während des Schlafes und bisweilen auch bei anderen Gelegenheiten auf einer anderen Seinsebene bewusst tätig sein kann, während der Körper ruht. Ich verstehe nicht, warum diese Möglichkeit bei den meisten religiösen Führern auf Missbilligung stößt und allein schon die Vorstellung als unchristlich und unannehmbar gilt. In dieser Angelegenheit kann man nur aus persönlicher Erfahrung sprechen.

Die Tatsache, dass ich mich außerhalb meines Körpers ebenso daheim fühle wie in meinem irdischen Gefängnis, mag dem Leser inzwischen einleuchten. Für den Neuling setzt der Versuch, seinen Körper im Wachzustand zu verlassen, äußerste Disziplin und langes Üben voraus. Während des Schlafes, wenn Körper und Geist entspannt sind, treten übersinnliche Erfahrungen häufiger auf, als man vermuten mag. In diesem Fall scheint das Gedächtnis zu trügen. Das Gehirn weigert sich aus eigenen Gründen, die Möglichkeit anzuerkennen, dass der Geist ohne Zuhilfenahme des Gehirns *bewusst* zu arbeiten vermag. Dies mag einer der Gründe sein, weshalb die Erinnerung an solche Erlebnisse im Moment des Erwachens jäh abbricht. Das Gehirn ist bemüht, die geistigen und körperlichen Vorgänge im Menschen ausschließlich allein zu steuern. Wir haben einen Punkt erreicht, an dem wir das Gehirn als unseren Herrn, nicht als unseren Diener betrachten. Mit diesem Thema habe ich mich in *The Mind Set Free* befasst. Ich glaube, die meisten Menschen sind immer noch der Meinung, dass das Gehirn das einzige Medium ist, durch das sich der Gedanke zum Ausdruck bringen lässt. Wie erklären sie die Tatsache, dass sich eine innere

Erleuchtung häufig dann einstellt, wenn das Gehirn schweigt und oftmals erst danach aufgefordert wird, ihre Früchte an die äußeren Sinne weiterzuleiten?

Kehren wir zu den mir oft gestellten Fragen zurück: „Welche eindeutige Aussage oder welchen wissenschaftlichen Beweis gibt es, der mich überzeugen könnte, dass ich als Individuum nach Auflösung meines Körpers fortlebe? Wie kann ich sicher sein, dass es sich gegebenenfalls nicht nur um ein vorübergehendes Überleben meiner menschlichen Persönlichkeit handelt und ich nicht Gefahr laufe, von dem großen Unbekannten absorbiert oder sogar vernichtet zu werden?"

Angesichts der Fülle an religiöser und metaphysischer Literatur, die zurzeit zur Verfügung steht, überrascht es, dass selbst diejenigen, die sich als Christen bezeichnen, derartig ängstliche Fragen stellen. Christus hat eindeutig darauf hingewiesen, dass das größte Geschenk, das der Schöpfer dem Menschen gab, das ewige Leben ist. Seine Worte scheinen in der heutigen Welt kaum Gewicht zu haben. Falls wir alle dazu verdammt sind, von einem riesigen Vakuum aufgesogen zu werden, wäre die göttliche Verheißung von einem ewigen Leben nichts als Hohn.

Ich vermag diese Zweifel an einem Weiterleben des Menschen nicht ernst zu nehmen. Als Erstes sollten wir unsere Vorstellung von dem Begriff *Zeit* revidieren. Bei der Zeit, wie wir sie kennen, handelt es sich um ein vom Menschen erstelltes System, um die Dauer irdischer Geschehnisse zu messen. Sein Nutzen schwindet, sobald wir uns von der dreidimensionalen Ebene in die Sphäre des Bewusstseins begeben. Seele und Geist des Menschen müssen nicht in der Zeit gefangen sein, selbst wenn er noch auf der Erde weilt. Auch in diesem Fall versucht das Gehirn, die menschliche Aktivität zu dominieren. Die sogenannte Zeit vermag ihre Tyrannei nicht über die irdischen Grenzen hinaus auszudehnen. Solange wir dies glauben, werden wir die Bedeutung der Ewigkeit nicht erfassen.

Zeit und Zeitlosigkeit

Sobald man losgelöst von den irdischen Fesseln existiert, verliert die Zeit augenblicklich ihre beherrschende Macht, und das Gehirn kann sich nicht länger als Herr aufspielen. Wurde diese Freiheit erreicht, tritt die Bedeutung und Realität des ewigen Lebens zutage. Ich kann nicht erwarten, dass Sie dies glauben, ohne diese persönliche Freiheit erlebt zu haben. Sollte es bedeuten, dass Sie bis zu Ihrem „Tod" warten müssen, spielt dies auch keine Rolle. Ob wir es anerkennen oder nicht, Tatsache ist, dass wir immerfort im ewigen JETZT leben. Sobald diese Einsicht dämmert, hören unsere Probleme auf, derart zu dominieren.

Die physikalischen Gesetze lassen sich nicht auf metaphysische Fragen oder die seelische oder geistige Ebene anwenden.

Kein irdisches Maß vermag das Unermessliche zu messen.

Aus diesem Grund können die in diesem Buch beschriebenen Erfahrungen nicht wissenschaftlich beurteilt werden. Die „Beweise" ergeben sich aus den Erfahrungen selbst. Eine äußere Bestätigung ist unmöglich. Diejenigen, die einen „wissenschaftlichen Beweis" für ein Weiterleben fordern, sind dazu verurteilt, enttäuscht zu werden.

Kapitel VI

Die sieben Aspekte des Geistes

Ich bin zu dem Schluss gelangt, dass das menschliche Gehirn nicht in der Lage ist, einen Gedanken klar zu erfassen, der sich ihm weder in Schrift noch Wort darbietet. Wir wenden uns jetzt einer Gedankenwelt zu, für die es noch keine Worte gibt. Das Gehirn kann hier kaum von Nutzen sein.

Gewiss wird man diese Aussage anzweifeln, aber es wäre interessant zu erfahren, welches zufriedenstellende Gegenargument man in diesem Zusammenhang erheben könnte.

Gesetzt den Fall, man akzeptiert meine These, dann wird es sich bald herausstellen, dass für einen Leser, der das Gehirn als die einzige Erkenntnisquelle betrachtet, die folgenden Ausführungen kaum von Bedeutung sind.

Die vier verschiedenen Fähigkeiten, über die der menschliche Geist zum gegenwärtigen Zeitpunkt verfügt, habe ich bereits angesprochen. Der Einfachheit halber wurden sie mit den ersten vier Buchstaben unseres Alphabets belegt. Die Fähigkeit A könnte man jenem geistigen Areal zuordnen, das *einzig und allein* über das Gehirn funktioniert. Dieser Aspekt des Geistes beschäftigt sich ausschließlich mit Aktivitäten und Ereignissen, die sich auf die physische Ebene beschränken.

Dem mag man entgegenhalten, dass sich kein Bereich des Geistes innerhalb eines dreidimensionalen Umfeldes begrenzen lässt. Obwohl dies zweifellos zutrifft, betone ich, dass meine Fähigkeit A nicht imstande ist, sich ohne Mitwirkung des Gehirns auszudrücken oder zu betätigen. Die alltäglichen Verrichtungen der meisten Menschen werden von dieser Kraft bestimmt.

Wahrscheinlich wissen viele unter uns nicht einmal etwas von der Existenz anderer Aspekte des Geistes oder des Bewusstseins. So viel für A.

Eine eindeutige Definition für die Aspekte B und C lassen sich noch schwieriger finden. Eines ist allerdings gewiss, weder B noch C sind in ihrer Funktionsfähigkeit vom Gehirn abhängig. Ihre Funktionen spielen sich im vierdimensionalen Bereich ab, in dem weder Zeit noch Raum existieren. Nur die Kraft A vermag diese Barrieren nicht zu überschreiten, jenseits derer sie nicht zu funktionieren scheint.

Wie bereits erwähnt, vermag das Ego geistige Prozesse auf zwei Ebenen, der des Beteiligten (B) und der des Betrachters (C) zu erleben. Doch schon befinden wir uns in einem Bereich, in dem Worte den Sachverhalt eher verdunkeln als klären. Dennoch wollen wir fortfahren.

Vielleicht erweist sich ein Beispiel (siehe Skizze S. 151), wie B und C zusammenwirken können, als hilfreich. In *„Erinnerung an Jesus von Nazareth“* habe ich den Besuch eines Hauses beschrieben, in dem das „letzte Abendmahl“ gehalten wurde. Dabei handelt es sich um die Wiederbelebung einer Erinnerung, die einen flüchtigen Blick in die Vergangenheit ermöglichte. A war nicht daran beteiligt, da weder mein Körper noch mein Gehirn anwesend waren, aber „ich“ war dort. Die Fähigkeit B erlaubte es mir, jenes Haus zu besuchen und neben anderen Dingen die einzelnen Gegenstände auf dem Tisch und das Abendmahlzimmer selbst zu sehen. Ich konnte mich mit meinem Gefährten und dem Hausherrn unterhalten und es schriftlich festhalten. Dazu verhalf mir das Erinnerungsvermögen (D). Unterdessen gelang es meiner Fähigkeit C, die Szene zu beobachten und meine und ihre Wahrnehmung auf das außerhalb liegende Umfeld auszudehnen, wie den Esel im Stall zu besuchen oder zu bemerken, dass der Brunnen halb ausgetrocknet zu sein schien und dergleichen mehr. Ohne die Vermittlung von D hätten wohl weder B noch C in einer Weise wirken können, die sich unserem Denken als verständlich erschlossen hätte. Ich sollte hinzufügen, dass Vernunft und Intuition im Einzelfall mehr oder weniger mit allen vier Fähigkeiten gleichzeitig einhergehen können, was gewöhnlich auch der Fall ist.

Ich bin mir nicht sicher, ob der Leser meinen Ausführungen zu folgen vermag. Wie gesagt, es existieren noch keine Worte, welche die Bedeutung und Wirkungsweise von B und C eindeutig definieren. Ich glaube, es ist etwas Wahres an der Annahme, dass der Geist, der jedem von uns zu Verfügung steht, insgesamt sieben voneinander getrennte Fähigkeiten besitzt. Vergleichen wir ihn mit einem sechszackigen Stern, weisen drei seiner Zacken nach oben und drei nach unten. Die drei nach unten weisenden Strahlen entsprechen A, B und C. D wirkt als Vermittler zwischen dem oberen und unteren Teil des Sterns.

Der Einfachheit halber wollen wir die drei „aufwärts" weisenden Strahlen als E, F und G bezeichnen. Man nennt sie auch die Diener der Seele im Gegensatz zu A, B und C, den Dienern des Körpers. D wirkt als Bindeglied zwischen den bewussten und den (sogenannten) unbewussten Aspekten des Geistes.

E, F und G wirken in Bereichen, die unser gegenwärtiges Fassungsvermögen bei Weitem übersteigen. Obwohl eine gewisse Gefahr in dieser Verallgemeinerung liegt, belassen wir es dabei. Abgesehen davon, bin ich überzeugt, dass der menschliche Geist als Ganzes die Summe seiner Teile ist und es aus diesem Grunde keine starren Grenzen zwischen diesen Teilen geben kann, die, falls erforderlich, zweifellos aufeinander einwirken und miteinander kooperieren können. Sollte dies unsinnig klingen, dann liegt es daran, dass es an entsprechenden Worten mangelt. Aus demselben Grund wäre es sinnlos, die Eigenschaften von E, F und G oder ihre Funktion in Zusammenhang mit A, B und C beschreiben zu wollen.

Eines allerdings ist gewiss, die drei höheren Fähigkeiten des Geistes befassen sich nicht mit den Aktivitäten des Menschen im Rahmen von Zeit, Raum und Form (Materie). Jenseits der unermesslichen Fülle der Zeit erstreckt sich die Ewigkeit ins Unendliche, eine Vorstellung, die wir gegenwärtig noch nicht begreifen. Die mystische Erfahrung vermag aufgrund der drei höheren Geisteskräfte (E, F und G), die ich mir erlaubt habe, als Diener der Seele zu bezeichnen, den Rand der Unendlichkeit zu berühren. Erfahrungen, die mir auf dieser hohen kosmischen Stufe zuteil wurden, habe ich nicht in dieses Buch mit einfließen lassen. Ich denke, es ist nicht sinnvoll, Unbeschreibliches beschreiben zu wollen.

Kehren wir zu unserem eigentlichen Thema zurück. Zwischen dem Wirken der Körperorgane und dem der einzelnen Segmente des menschlichen Geistes mag man in gewisser Hinsicht eine Parallele ziehen. Jedes Körperorgan bildet eine Einheit in sich selbst. Diese Einheit verfügt über ausreichend instinktive Intelligenz, um ihre Funktionen auszuüben und auf Botschaften vom Gehirn, die es über die Nerven- und Blutbahnen aufnimmt, zu reagieren. Das Gleichgewicht und die Gesundheit des gesamten Körpers basieren auf dem Zusammenspiel aller seiner Organe. Um dieses Bild zu vervollständigen, nehmen wir an, dass das lenkende menschliche „Ich" seinen Sitz im Gehirn hat. Ähnlich verhält es sich mit den sieben Segmenten des Geistes. Jedes besitzt seine eigene Intelligenz. Zusammengenommen können wir sie als die Organe des Geistes betrachten. In etwa vergleichbar mit dem Körper, erfüllt jedes dieser Organe seine eigene Aufgabe. Das „Ich", das sie steuert, sitzt im Zentrum seines Universums, vergleichbar mit dem „Ich" des Körpers, das sich im Gehirn befindet. Jenes „Ich" ist der Geist des Menschen. Von Gott erschaffen, währt es ewig und ist unzerstörbar in seinem Wesen. Dieses „Ich" kleidet sich in unterschiedliche Formen und Zustände, die sich, den Gegebenheiten entsprechend, von Zeit zu Zeit ändern. Während seiner „Laufbahn" in der sogenannten Welt der Phänomene mag es sieben Manifestations- und „Lebens"-Sphären durchschreiten. Schließlich erreicht es einen Punkt weit jenseits menschlicher Berechnung, an dem dieses „Ich" zu seinem Schöpfer zurückkehrt, vervollkommnet und reich an Erfahrungen, die sich über einen unermesslichen Zeitraum erstreckt haben. Inwieweit dieses Bild der Wahrheit entspricht, soll der Leser selbst entscheiden.

Man mag fragen, welchem Zweck eine metaphysische Betrachtung dieser Art dient. Es gibt zwei Gründe: Erstens die Anregung menschlichen Denkens über den üblichen Horizont hinaus, was sich nur positiv auswirken kann; und zweitens die Vermittlung von Denkanstößen, die es gegebenenfalls dem Leser ermöglichen, die Umstände, die zu den beschriebenen Erfahrungen führten, sowie die geistigen Wege, diese berichten und niederschreiben zu können, klarer zu erkennen.

Mit dem Tod von Gehirn und Körper endet die Tätigkeit der Kraft A, so wie bei den meisten Menschen B und C während ihres Erdendaseins untätig gewesen zu sein scheinen. D (Erinnerung) wirkt als dauerhafte Verbindung zwischen A, B und C, obgleich sich nach dem physischen Tod die Wirkungsweise dieser Kraft entsprechend der Gegebenheiten ändert, die sich durch eine Übertragung der Tätigkeit von A nach B und C ergibt. Ohne das Erinnerungsvermögen hätte das Leben auf den einzelnen Seinsebenen wenig Sinn. Die Erinnerung leitet und gewährleistet unseren Fortschritt und unser Wachstum, während wir von einem Bewusstseinszustand in geordneter und göttlich geplanter Reihenfolge in den nächsten weiterschreiten. Wie gesagt, ohne Erinnerung wäre unser Leben sinnlos. Durch diese vermittelnde Kraft fügen sich schließlich alle anderen sechs Fähigkeiten zu einem vollständigen Ganzen zusammen. Der Mensch gewinnt seine Freiheit wieder und nähert sich der Vervollkommnung. „Gott ist gütig, und der Mensch wurde nach seinem Bilde geschaffen." In Anbetracht der Ewigkeit bezieht sich diese grundlegende Wahrheit auf den Geist des Menschen, nicht auf die Formen, die er vorübergehend bewohnt, sei es auf der Erde oder in einer anderen Welt der Erscheinungen.

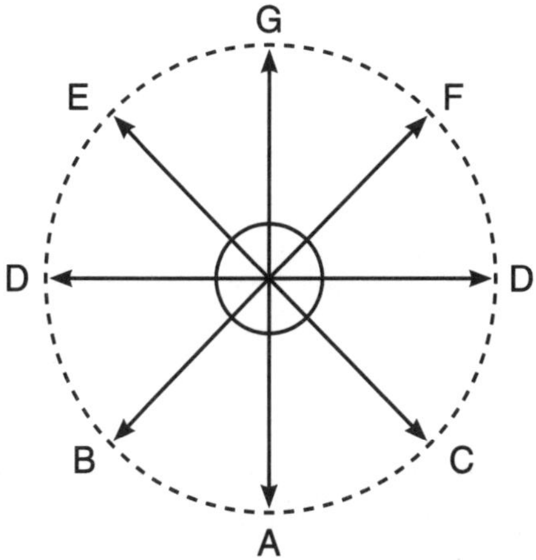

Die unteren Aspekte des Geistes
A= Gehirnaktivität
B= Geist als unsichtbarer Teilnehmer
C= Geist als unsichtbarer Beobachter
D= Erinnerung als Bindeglied

Die höheren Aspekte des Geistes
E= Vision
F= Geist als Heiler und Lehrer
G= Geist in Verbindung mit seinem Ursprung(Gott)
⊙= Ego oder Geist des Menschen im Gewand seiner Seele

Kapitel VII

Der Zauber des alten Ägypten

„Für das Haus des Königs in der Wüste.“ (Geschrieben 1917)

Kürzlich besuchte ich erneut die Pyramiden von Gizeh und die sie umgebenden Tempelruinen. Der bekannte Ägyptologe Malaby Firth übernahm die Führung. Er hatte 1906 die von der Harvard Universität veranlassten Ausgrabungen geleitet und die Ruinen des oberen Tempels der dritten Pyramide entdeckt.

Zunächst erkundeten wir die berühmte Pyramide des Pharaos Cheops, die größte und älteste der drei Pyramiden, die 2900 v. Chr. vollendet wurde. Sie soll das imposanteste heute noch erhaltene Steinbauwerk der Welt sein. Im Zentrum der Pyramide, in der Königskammer, untersuchten wir den steinernen Sarkophag, der einst die Mumie des Cheops barg, der in der Antike unter dem Namen Khufu bekannt war. Die Vorstellung, dass dieses gewaltige Bauwerk, das nahezu fünftausend Jahre lang die Fantasie der Menschen beflügelte, nur als Grabmal errichten worden war, erscheint mir höchst unwahrscheinlich. Sein Standort und seine Maße lassen vermuten, dass es außerdem astrologischen Zwecken dienen sollte und dazu bestimmt war, Sehern und Eingeweihten überall auf der Welt als prophetische Führung zu dienen.

In gigantischem Ebenmaß erhebt sie sich aus dem Wüstensand zum Himmel empor. Ihre vollkommenen Proportionen lassen einen nur nach und nach ihre gewaltigen Ausmaße erkennen. Etwas Magisches umgibt dieses Monument. Es strahlt eine seltsame Kraft aus. Mysterienforscher haben versucht, die symbolische Bedeutung dieser Pyramide zu erklären, aber ohne Erfolg. Wir stehen in der

Königskammer und atmen eine „Atmosphäre“ ein, die ungefähr fünftausend Jahre alt ist. Im Schweigen der Jahrhunderte werde ich fast selbst zu Stein. Draußen dreht sich die Welt weiter. Pausenlos braust das Leben voran. Hier drinnen rührt sich nichts. Die Jahrhunderte sind gekommen und gegangen, ohne eine Spur in dieser verborgenen Kammer zu hinterlassen. Fünftausend Jahre Zeit! Die Lebensspanne eines einzelnen Menschen – was ist das im Vergleich dazu? Innerhalb dieser Mauern erscheint sie wie nichts. Zivilisationen, Kriege, menschliche Hoffnungen und Ängste, Leben und Tod, all dies schrumpft zur Bedeutungslosigkeit. Nichts scheint ihren Platz einzunehmen. Man fühlt sich losgelöst von der Welt der Menschen und Dinge, sogar losgelöst von sich selbst, und steht unbeweglich in einem Vakuum. Jedes Jahr besuchen Tausende die Große Pyramide. Millionen hat sie seit ihrer Entstehung in die Wüste gezogen, angelockt von einer seltsamen, unwiderstehlichen Kraft. Kann es sein, dass ein leeres Grab die Macht besitzt, magisch auf die ruhelosen Seelen der Menschen einzuwirken? Während ich da stehe und in den leeren Sarkophag des Cheops blicke, kommen mir Worte von Laotse in den Sinn: „Dreißig Speichen vereinen sich in der Nabe eines Rades. Die Nützlichkeit des Rades liegt immer in seinem leeren Inneren. Forme eine Schale aus Ton. Aus ihrer inneren Leere entsteht der Nutzen des Gefäßes. Breche Türen und Fenster in ein Haus. In ihrem leeren Inneren liegt der Nutzen für das Haus. Darum bringt uns die äußere Gestalt der Dinge Gewinn, ihre Nützlichkeit entspringt aus dem leeren Inneren.“

Ich frage mich, welcher Nutzen aus dem „leeren Inneren“ dieser großen Pyramide inmitten einer der Zentralwüsten dieser Erde gezogen werden kann.

Da ist kein Gefühl von Heiligkeit in dieser Grabkammer, nur ein Empfinden von absoluter Leere. Ich erinnere mich an des Soldaten Dowdings Worte: „Leere dich von deinem Selbst, wenn du gefüllt werden willst“ – und beginne zu begreifen.

Müssen wir in die Wüste pilgern und in die Leere dieses Monumentes eindringen, um die wahre Bedeutung der Stille zu verstehen? Gewiss, hier spürt man, wie nutzlos manche sogenannte Aktivität des „Lebens“ ist. Muss man hierher kommen, um den Schleier zwischen Illusion und Wahrheit zu zerreißen? Die Kerze ist erloschen. Wir sind in tiefe Dunkelheit getaucht. Ich taste mich an der Wand entlang und versuche, meinen Gedanken und diesem Grab zu entfliehen.

Draußen überflutet uns die heiße Sonne Ägyptens. Ich lasse mich auf dem heißen gelben Sand nieder, erschöpft von dem Herumklettern durch die engen, steilen Gänge. Wir ziehen unser Jacken und Schuhe wieder an und blicken hinaus auf den Strom und die geschäftige Stadt. Die Welt scheint uns wieder einzuschließen, unsere Aufmerksamkeit in Anspruch zu nehmen und uns daran zu erinnern, dass wir immer noch dem Schein der äußeren Welt erliegen. Seltsame Empfindungen durchwogen mich. Mir ist, als habe die ganze Welt, meine ganze Welt, an jenem schweigenden Grab, das mich fünftausend Jahre zurückversetzte, stillgestanden. Doch nun bewegt sich diese Welt wieder, und ich werde mitten in das lärmende Getriebe zurückgeschleudert.

Gewiss kann mich dies nicht mehr in Angst versetzen oder zu ungestümen Handlungen hinreißen – oder doch? Ich sitze und starre über die Wüste hinaus auf eine ferne Fata Morgana und frage mich, inwieweit ich die Bedeutung dieses majestätischen Bauwerks begriffen habe.

Wir nähern uns der zweiten, etwas kleineren Pyramide, die Chephren (bekannt als Pharao Khafra) ungefähr siebzig Jahre nach der Cheops-Pyramide errichten ließ. Sie ist weniger eindrucksvoll, aus minderwertigerem Stein gebaut und weist mehr Verfallserscheinungen auf. Wir betreten sie nicht, sondern wenden uns der dritten und kleinsten der Gizeh-Pyramiden zu, die um 2800 v. Ch. als Grab des Mykerinos, Sohn des Khafra und Enkel des großen Cheops, fertiggestellt wurde. An ihrer Ostseite fällt die Wüste zum Nil ab. 1906 wurden an dieser Stelle die Ruinen des sogenannten oberen Tempels der Mykerinos-Pyramide freigelegt. Malaby Firth ist in seinem Element. Wir verbringen viel Zeit damit, alles, was von dem einst stolzen Gebäude übrigblieb, zu untersuchen. Zu jeder der drei Pyramiden sollen angeblich zwei Tempel gehört haben. Der obere Tempel und der Taltempel. Inzwischen hat der Sand nahezu alles verschlungen. Wie verzaubert stehe ich vor einem riesigen Block aus rotem Granit, der mindestens hundert Tonnen wiegt. Die Blöcke waren ursprünglich dazu gedacht, die unteren Schrägen der Pyramiden zu „verblenden". Während ich den Stein untersuche, entdecke ich quer über einer seiner Ecken eine Inschrift in roter Farbe. Sie ist so klar und deutlich, als sei sie erst gestern geschrieben worden, und enthält die einfachen Worte: „Für das Haus des Königs in der Wüste." Es ist anzunehmen, dass ein Aufseher in den mehr als hundert Meilen entfernt gelegenen Steinbrüchen von Assuan den Stein gekennzeichnet hat.

„Für das Haus des Königs in der Wüste!" In jenen Tagen gab es nur einen König und ein Königshaus in der Wüste. Auf diese Weise gekennzeichnet, konnte der Stein auf seiner langen Floßfahrt nilabwärts nicht verlorengehen.

Irgendwie scheint diese menschliche Geste die Jahrhunderte blitzartig zu überbrücken. In der Königskammer der Großen Pyramide hatte sich die Zeit langsam und bedachten Schrittes in die Vergangenheit entrollt. Bei der Betrachtung der Inschrift fühle ich mich hier draußen in der Sonne dem Steinbruchvorarbeiter sofort nahe, der sich niederbeugte, um den Stein zu kennzeichnen, damit er seinen Bestimmungsort nicht verfehle.

Warum sollte nicht jeder von uns ein Königshaus in der inneren Wüste seines Seins besitzen, ein Sanktuarium, in das er sich zurückziehen kann, um in der inneren Stille Ruhe und Kraft zu gewinnen und seinen Glauben zu beleben? Vielleicht beginne ich zu verstehen, was die Pyramiden uns lehren wollen!

Wir gehen eine Tempelstraße hinunter in Richtung Sphinx. Der Boden ist mir Alabaster gepflastert. Wir verlassen die Ruinen und suchen uns unseren Weg durch den Sand.

Die Sphinx ist jetzt in Sicht. Wir nähern uns ihr von hinten. Aus diesem Blickwinkel gleicht sie einem riesigen Pilz, der seltsame

Schatten auf den Boden wirft. Die Sonne geht unter, und die Wüste ist leer. Wir stehen vor einem Rätsel. Ich werde nicht versuchen, das Unbeschreibliche zu beschreiben. Gestalt und Bild der Sphinx lassen sich beschreiben, aber wer vermag die Gedanken und Ideen darzustellen, die diese Schöpfung ins Leben riefen? Wir gehen zum Tempel der Sphinx (bekannt als der Taltempel der zweiten Pyramide), drehen uns um und lassen uns im Sand nieder. Ich werde jetzt nicht von der Sphinx sprechen. Ich habe sie früher schon oft gesehen und werde sie noch viele Male sehen. Ich werde einmal im Mondschein eine Nacht in ihrer magischen Ausstrahlung verbringen. Vielleicht werde ich dann meine Gedanken aussprechen können. Jetzt schweige ich angesichts dieses Rätsels. In mir schwingt immer noch, was die Königskammer der Großen Pyramide den Geist des Menschen zu lehren hat: Schweigen, Stille, Heiligtum und:

Vom Schweigen der Zeit borge der Zeit Schweigen.
Im Herzen von heute ruht das Wort von morgen.
Die Baumeister der Freude sind die Kinder des Leids.

Warum geht mir dieser Dreizeiler von William Sharp ausgerechnet hier nicht aus dem Sinn? Bergen diese erhabenen uralten Monumente noch eine Botschaft für die Zukunft, die darauf wartet, offenbart zu werden? Die Welt ist bevölkert mit Kindern des Leids. Sind die Baumeister der Freude jene, die gelernt haben, selbstlos zu sein und viel Zeit in ihrer „Königskammer der Wüste“ zu verbringen? „Die äußere Form bringt Gewinn, aber ihr Inneres wahren Nutzen.“ Diese letzten Gedanken begleiten mich zurück in eine Welt des Krieges und des Leids. Für mich sind sie eine Botschaft der Hoffnung, der Inspiration und der Freude.

Die Wüste, der Khamsin und die Sphinx (März, 1918)

Heute rief mich die Wüste. Wenn sie ruft, lohnt es sich, ihr zu gehorchen. Ich verließ also die Stadt am Nil und nahm meinen Weg in die Wildnis.

Im „Mena-Haus“ machte ich Rast. Es war Sonntag. Die Terrasse vor dem Hotel, die gedrängt voll war mit englischen Offizieren und ihren Damen, liegt fast im Schatten der großen Pyramide. Eine Band spielte französische Melodien. Ich setzte mich und bestellte Kaffee. Es lag noch ein weiter Weg vor mir, und der Tag war ermüdend gewesen.

Am Tisch neben mir saßen zwei Offiziere, die auf Urlaub aus Palästina gekommen waren, und ein bekannter ägyptischer Pascha. Ich konnte nicht umhin, Teile ihrer Unterhaltung mit anzuhören. Der Pascha sprach lebhaft und gestenreich. Offensichtlich ging es um den Feldzug nördlich des Jordan. „Ihr Engländer tötet viele Türken. Euer Land hat dem Islam gegenüber doch immer Freundschaft bekundet. Warum tötet ihr Moslems in Palästina?“

Einer der Offiziere, ein Hauptmann, entgegnete: „Verstehen Sie denn nicht, dass wir das Heilige Land vom türkischen Joch befreien müssen? Außerdem müssen wir die Straße nach Indien und in den fernen Osten sichern. Die Engländer führen keinen Religionskrieg in Indien.“

Der Pascha lächelte: „Warum verjagt ihr dann die Moslems, um den Juden das Land zu geben? Warum soll man Palästina einem Volk geben, das einst euren Propheten Christus ermordete? Bedeutet euch eure Religion so wenig?“

Der Hauptmann blieb die Antwort schuldig, aber sein Kamerad meinte: „Wir können die Juden doch nicht steinigen, weil ihre Vorfahren Jesus Christus erschlagen haben. Wir haben seine Lehre doch von jeher missachtet. Kaum jemand von uns hat das Recht, sich Christ zu nennen.“

„Nun“, meinte der Pascha nachdenklich, „wenn Moses, Mohammed und Jesus heute lebten, hielten sie einen Friedensrat und der Krieg hätte ein Ende.“

Diese Unterhaltung klang in meinen Ohren nach, als ich mich auf meine lange Wüstenwanderung begab. Eine seltsame Bemerkung aus dem Munde eines Muslims. Der Pascha hatte sehr überzeugt gesprochen. Sein Glaube an die Macht der Propheten war offensichtlich groß. Können Propheten der Vergangenheit heute schweigen? Gewiss werden ihre Stimmen den Kriegslärm übertönen. Vielleicht halten sie hier draußen in der Wildnis ihren Friedensrat.

Die Wüste lässt solche Gedanken denken. Sind Sie schon einmal Stunde um Stunde weitergewandert, bis selbst die große Pyramide den Blicken entschwindet? Dies tat ich an jenem Tage. Ich war allein. Nichts rührte sich. Der Sand schien in die vier Himmelsrichtungen zu wogen. Es war die Zeit des Khamsin, des *Windes der fünfzig Tage*, der in jedem Frühjahr über die Wüste fegt und die nahende Sommerhitze ankündigt. In der Wüste, in der nur Sand und Himmel zu sehen sind, bekommt der Wind eine andere Bedeutung.

Der Khamsin ist der Wind der Winde. Man sieht ihn förmlich herannahen. Sanft von Süden her aufsteigend, wellt er durch den wogenden Sand. Dieser Wind besitzt Wesen, Intelligenz und Geist. Heute ist der Khamsin ein Freund. Ich kann mit ihm reden, während er mich sanft umweht. Ich bemühe mich, seine Botschaft zu verstehen. Es ist ein Wind, mit dem man Zwiesprache halten kann. Aber der Khamsin ist nicht immer freundlich gesinnt. Ich habe ihn erlebt, als er grimmig blies und den grausamen Sand ins Gesicht peitschte. Innerhalb einer Stunde kann man von einem heftigen Sandsturm begraben werden. Dann wird der Khamsin zum Feind.

Heute liegt die Wüste still da, der Wind bläst sanft, die Sonne brennt nicht zu heiß, und alles ist gut. Es gibt ein Wesen in der Wüste, das ich noch an keinem anderen Ort gefunden habe. Heute fühle ich es sehr stark. Ich habe es früher bereits mit einem Elementargeist verglichen. Dieser Geist erfüllt die Leere der Welt und gibt mitunter Mensch und Natur von seinem Überfluss.

Die leeren Räume auf dem Land und auf dem Meer besitzen ihre besondere Bedeutung. Daran zweifele ich nicht mehr.

Der Wind hat sich gelegt. Die Sonne neigt sich gen Westen. Aus dem Wüstensand steigt Nebel empor. Er scheint substanzlos zu sein. In einem Augenblick ist er verschwunden und im nächsten durchzieht er die unendlichen Weiten der Wüste. Dieser Nebel ist warm, geheimnisvoll und goldgrau. Er steigt zwischen den Füßen empor, als käme er aus dem Erdinneren. Er zieht nicht *über* den Wüstensand, sondern scheint ihm zu entsteigen. Ich habe erlebt, wie der Khamsin-Nebel aus dem Nichts auftauchte und fast augenblicklich die Räume zwischen der Wüste und der Stadt am Nil ausfüllte, gefolgt von einer geradezu unheimlichen Stille. Die Sonne erlischt. Und so war es auch heute, als ich umkehrte, zurück zu den Monumenten der Wüste. Mein fragender Geist ist oft hier draußen, mit seinen verschwommenen, suchenden Fragen, auf die es keine Antworten zu geben scheint. Vielleicht hat die Sphinx eine Botschaft für mich, ehe der Mond aufgeht. In Ägypten wendet man sich stets an die Sphinx, wenn das Mysterium des Landes einen vor ein Rätsel stellt. Andererseits ist die Sphinx das größte Rätsel überhaupt. Der Mond ist noch nicht aufgegangen. Der Nebel hat sich gelichtet, und die Sterne erstrahlen am Nachthimmel.

Die Sphinx bei Nacht. Sie ist *das* Weltwunder! Reisende sprechen von ihr als einem unergründlichen, aus Stein gemeißelten Denkmal mit unveränderlichem Ausdruck. Ich sehe sie anders. Ich habe niemals dieselbe Sphinx zweimal gesehen. Sie ist kein einfach gemeißeltes Bild, das sich aus der öden Wüste erhebt und immerfort gen Osten starrt. Setzen wir uns eine Weile in den Sand! Diese Augen! Was erblicken sie? Der Mund. Verbergen sich hinter seinen Lippen nicht Worte? Diese Ohren. Lauschen sie nicht in die Stille? Jede einzelne Linie von Gesicht und Gestalt drückt Kraft und Leben aus.

Dieses Bildnis ist mehr als ein steinernes Götzenbild. Es ist ein machtvolles Symbol und noch mehr. Die Sphinx drückt elementares Leben aus, ein Leben, das jeder zu spüren vermag, der vor ihr steht. Die Fragen, die ich ihr stellen wollte, ersterben auf meinen Lippen. Diese Augen dringen in die Tiefen meines Seins, in die tief im Inneren verborgene Geheimkammer, in der die Antworten auf alle Fragen zu finden sind.

Ich beginne zu begreifen. Ich habe die Lösung für jedes Problem bereits mitgebracht und muss die Sphinx nicht bitten, mir die Pforten der Erkenntnis zu öffnen. Alles, was ich wissen muss, weiß ich schon. Die Sphinx hat jenen, die sie aufsuchen, eine wichtige Botschaft zu verkünden. Heute lautet sie: „Suche nicht länger in der äußeren Welt nach einer Erklärung für das Mysterium des Lebens. In dir selbst gibt es eine Kammer, die verborgen am Ende eines langen, gewundenen Ganges liegt. Sie ist dein geheimes Sanktuarium. Dort wirst du alles finden, was deine Seele benötigt. Verweile eine Weile schweigend bei mir. Ich werde dich zur Tür dieser Kammer führen. Sie ist verschlossen. Der Schlüssel liegt in deiner Hand. Er ist immer dort gewesen, unsichtbar, während du durch die weite Welt gezogen bist, um ihn zu suchen.

Benutze deinen eigenen Schlüssel. Ziehe dich in dein Inneres zurück. Ich werde die Schwelle nicht überschreiten. Ich weise dir den Weg. Damit ist meine Aufgabe erfüllt."

Dies sind die Worte der Sphinx, die sie in dieser Nacht zu mir gesprochen hat. Ich glaube, jedem, der vor ihr steht und lauscht, vermittelt sie in unterschiedlicher Weise dieselbe Botschaft.

Der Mond geht über dem Fluss auf. Die Wüste verwandelt sich in einen silbernen See. Die Stille vertieft sich. Ich trage die Botschaft der Sphinx in mir. Der Schlüssel liegt in meiner Hand. Ich eile den Gang entlang. Im Geiste passiere ich viele Wege. Ich stehe vor der inneren Tür, den Schlüssel in meiner Hand. Die Tür ist offen. Hier ist endlich das Heiligtum. Ich muss an keinem anderen Ort suchen, denn ich sehe Licht in diesem Sanktuarium. In diesem Licht schreiten die Propheten des allmächtigen Gottes. Hier drinnen herrscht Friede. Noch einmal vernehme ich die Stimme der Sphinx: „Diejenigen, die wahren inneren Frieden finden, werden die Boten Gottes in einer kriegerischen Welt. Lasse das Licht aus deinem Heiligtum hinausstrahlen, bis es überall aufgefangen und zurückgestrahlt wird. Dann wird aus einer Welt des Krieges eine Welt des Friedens werden."

Kapitel VIII

Vorstellungskraft

Die Aufzeichnungen im letzten Kapitel wurden vor über vierzig Jahren niedergeschrieben. Der folgende Bericht stammt aus dem Jahre 1959 und soll als persönliche Mitteilung des Verfassers an seine Leser verstanden werden. Trotz der unterschiedlichen Wortwahl handelt es sich um dasselbe Thema, wodurch eine Zeitspanne von vierzig Jahren überbrückt wird und sich somit eine unmittelbare Gedankenfolge ergibt.

Die Vorstellungskraft gehört meiner Ansicht nach zu unseren wertvollsten Fähigkeiten. Man darf sie jedoch nicht mit Hirngespinsten verwechseln, jene Fantasiewelt, die das Gehirn erfindet, wenn es unabhängig vom Geist tätig ist. Ohne die schöpferische Imagination gäbe es weder auf künstlerischem noch auf irgendeinem anderen Gebiet menschlichen Strebens ein Meisterwerk. Man kann sich der Früchte dieser Gabe auch dann erfreuen, wenn sie sich nicht in der äußeren Form darstellen.

Nehmen wir ein Beispiel: Der menschliche Geist ist ein Haus mit vielen Wohnungen. Jeder besitzt sein eigenes Haus, das während seiner langen Reise durch die Ewigkeit sein Wohnsitz bleiben wird.

„Mensch, erkenne dich selbst." Diesem durch die Jahrhunderte widerhallenden Aufruf scheinen die Menschen bislang kaum gefolgt zu sein. Der Schlüssel zur Selbsterkenntnis ruht im Geist. Dort sollten wir ihn suchen. Nur der eigene Schlüssel wird in das Schloss der Tür passen, die in das Innere führt, in dem sich das persönliche Heiligtum geistiger Bewusstheit verbirgt. Der eigene Schlüssel wird nicht in das Schloss eines anderen passen und umgekehrt. Die Suche nach der Wahrheit gestaltet sich als ein einsames Abenteuer. Wenn Sie bereit sind, sich ernsthaft auf Entdeckungsreise zu begeben, warum sollten Sie sich nicht der schöpferischen Fantasie bedienen? Sie ist ein Geschenk Gottes und jederzeit verfügbar.

Das Haus mit den vielen Wohnungen wurde nicht von Hand gebaut. Es hat seinen Sitz in Ihrem Inneren und bildet einen wesentlichen und dauerhaften Bestandteil Ihrer selbst. Es ist Ihre Zitadelle. Ergreifen Sie bewusst Besitz von Ihrem Eigentum.

Gehen Sie von Zimmer zu Zimmer und richten jedes einzelne nach ihrem Gutdünken ein. Setzen Sie Ihre Erkundung fort, bis Sie die Tür zum Heiligtum Ihres Seins erreichen. Der Schlüssel zum Eingang liegt in Ihrer Hand. Schließen Sie auf, treten Sie ein und schließen Sie die Tür hinter sich. Hier werden Sie sich zu Hause fühlen. Behandeln Sie dieses innere Sanktuarium mit ehrfürchtiger Sorgfalt. Betrachten Sie den Ort, an dem Sie stehen, als heiligen Boden, Tempel des Geistes und Zufluchtsstätte vor der lärmenden Außenwelt. Bedienen Sie sich Ihrer Vorstellungskraft und errichten einen Altar, an dem Sie beten.

Legen Sie die Bürde, die auf Ihren Schultern lastet, die Schwierigkeiten, die Sie niederdrücken, die Verpflichtungen, die Ihre Kräfte zu übersteigen scheinen, ab. Legen Sie diese Bürden auf den Altar, vor dem Sie betend knien, und denken Sie dankbaren Herzens daran, dass die „Herrschaft auf Seinen Schultern ruht". Wir dürfen „unsere Bürde auf den Herrn abladen". Bitten Sie um das Verständnis, das es Ihnen ermöglicht, Ihren Mitmenschen besser zu dienen. Ein solcher Dienst ist die Erfüllung des Gebotes der Liebe, der heilige Gral allen Strebens. Erbitten Sie nichts für sich selbst, denn mit Erfüllung dieses Gebotes „werden alle diese Dinge hinzugegeben werden". Verweilen Sie in der Stille absoluten Schweigens. Wenn Sie dieses innere Heiligtum verlassen, verschließen Sie die Tür und bewahren den Schlüssel sorgfältig auf. Sobald Sie den Schlüssel gefunden und benutzt haben, werden Sie häufiger an diesen geheiligten Ort zurückkehren.

Lassen Sie es sich zur Gewohnheit werden, am Abend, bevor Sie sich zur Ruhe begeben, dort einzutreten. Im Laufe der Zeit wird es zur freudigen und vertrauten Pilgerreise werden. Die Schwierigkeiten, die Sie in der äußeren Welt bedrängen, fallen allmählich ab. Das Leben wird neu und froh. Ängste und Sorgen, die Sie selbst oder andere betreffen, werden verschwinden, denn Sie haben Licht in Ihr Bewusstsein gebracht und Ruhe gefunden. Diese Ruhe wird es Ihnen ermöglichen, jenen Licht zu bringen, die noch in Dunkelheit verharren, und sie auf ihrem Weg zu Frieden und Erkenntnis zu unterstützen, die Sie selbst gefunden haben. Bald werden Sie bereit sein, einen weiteren und wesentlichen Schritt nach vorne zu unternehmen. Die Gelegenheit wird sich bieten, wenn Sie sich aufgerufen fühlen, die Bürde, die Sie auf den Altar legten, erneut aufzunehmen. Sie wird nicht mehr auf Ihnen lasten, sondern sich in Gelegenheiten verwandelt haben, Gutes zu bewirken. Sie werden den „Pfad des Loslassens und erneuten Aufnehmens“ beschreiten. Denken Sie darüber nach, was dies bedeutet.

Von nun an werden Sie nicht mehr allein sein. Ein Gefährte wird Ihre weiteren Schritte lenken. Er wird Ihnen helfen zu verstehen, dass der Schlüssel zur bestmöglichen Lösung jedes menschlichen Problems in dem Problem selbst und nicht außerhalb davon liegt.

Diese Lösung zu entdecken, wird jetzt einfacher sein, aber es soll Sie nicht beunruhigen, wenn das Ergebnis nicht immer Ihren Hoffnungen und Erwartungen entspricht. Es ist unerheblich, denn es besteht kein Grund dazu, das, was Sie einst abgelegt und jetzt erneut aufgenommen haben, zu fürchten. Es wurde zum Trittstein auf Ihrem Aufwärtsweg. Ihr Feind wurde zum Freund, und dieser Freund hat einen Gefährten in Ihr Leben gebracht, der Sie führt und tröstet.

Dieser Vorgang des „Ablegens“ und „Wiederaufnehmens“ entbindet Sie nicht Ihrer irdischen Verpflichtungen. Sie werden jetzt erkennen, dass es nicht diese Verpflichtungen sind, die Sie belasten, sondern die Furcht, mit denen Sie sie durchtränkt haben, die Angst, sie nicht zufriedenstellend erfüllen zu können.

Da *diese* Bürden nicht mehr auf Ihnen lasten, können Sie unbeschwert Ihren Weg fortsetzen.

Das Gleichnis soll zeigen, dass geistige Bilder, die andächtig und aus der richtigen Motivation heraus eingesetzt werden, ein Tor zur Wahrheit bilden können. Die besondere Form geistiger Alchemie, die diese Transmutation herbeiführte, werde ich an anderer Stelle besprechen. Es wäre erfreulich, wenn jene einfache Initiationsmethode für Sie ebenso nützlich sein könnte, wie sie es für mich gewesen ist. Sie bietet eine der Möglichkeiten, um zu erkennen, dass „das Himmelreich in Ihnen liegt", nicht in irgendeiner fernen Region, die wir hier weder zu erkennen noch zu erreichen vermögen.

Kapitel IX

Zum Nachdenken

Man hat mich gebeten, die folgenden fünf Essays in dieses Buch mit einfließen zu lassen, obgleich sie schon früher veröffentlicht wurden.

Meditation

Die Ausübung der Meditation unterliegt, ebenso wie die Mathematik oder andere Wissenschaften, einer Gesetzmäßigkeit.

Die Meditation bringt kaum Früchte, wenn wir nicht zuvor gelernt haben, unsere Gedanken und Gefühle zu beherrschen, um den Geist zum Schweigen zu bringen. In enger Verbindung mit dem Geist führt wahre Meditation zu einer klaren Erkenntnis der Gegenwart Gottes im gesamten Sein. Es ist sinnlos zu versuchen, seinen Geist zu leeren oder die Gedanken erst in die eine oder andere Richtung schweifen zu lassen. Die Meditation muss auf einem Prinzip basieren, sozusagen auf einem soliden Fundament ruhen, das die klare Erkenntnis einer Grundwahrheit bildet. Ansonsten werden unsere menschlichen Gedanken und Gefühle, unsere Hoffnungen und Ängste, unser physischer Gesundheitszustand oder unsere Krankheit den Geist beherrschen und alle Meditationsbemühungen vereiteln.

Bruder Lawrence legt in seinen Schriften einige einfache Regeln für die Meditation nieder, unter der er die Einstimmung in die Gegenwart Gottes versteht. Das Prinzip, auf das er seine Meditation gründet, verkörpert die vollkommene Überzeugung und klare Erkenntnis, dass die göttliche Liebe eine Kraft und eine reale

Gegenwart ist, die dem Bewusstsein eines jeden von uns immer und unmittelbar zur Verfügung steht. Auf diesem sicheren Fundament können wir tatsächlich unsere Meditation zum Wohle für uns selbst und für andere aufbauen. Der Versuch, ohne ein Leitprinzip meditieren zu wollen, besitzt nicht die Kraft, befriedigende Resultate hervorzubringen.

Die folgenden einfachen Regeln haben sich als Meditationsvorbereitung bewährt:

Ziehen Sie sich in Ihr eigenes Zimmer zurück, um Geräuschen und Ablenkung zu entgehen. Setzen Sie sich aufrecht auf einen bequemen Stuhl und achten Sie darauf, dass weder das Licht noch seine Widerspiegelung zu stark auf Ihren Blick einwirken, um den Geist nicht in einen hypnotischen Zustand zu versetzen. Es sollte nicht in vollkommener Dunkelheit meditiert werden und keine tickende Uhr im Raum sein. Konzentrieren Sie Ihren Geist nach einigen Minuten vollkommener Stille auf den *Gegenstand* und Zweck Ihrer Meditation und lassen Sie Ihre Intuition oder innere Wahrnehmung das *Prinzip* übermitteln, das als Grundlage für Ihre aktuelle Meditation am besten passt. Manchen Menschen hilft es, einige Zeilen aus der Bibel zu lesen (etwa den 91. Psalm), um die äußeren Sinne zum Schweigen zu bringen und ein gewisses Maß an Ruhe zu erlangen. Vielleicht verweilen Sie bei der Parabel, in der es heißt, dass Gott weder im Sturm noch im Erdbeben oder im Feuer zu finden ist, sondern nur in der Stille der sanften inneren Stimme.

Nachdem alle Gedanken und Gefühle beruhigt und alle materiellen Beschäftigungen ausgeschaltet sind, sollte man sich einige Minuten dem natürlichen tiefen Atemrhythmus zuwenden.

An diesem Punkt wäre es vorteilhaft, (Ihnen selbst) das Ziel Ihrer Meditation zum Ausdruck zu bringen, indem Sie darum bitten, mit dem Geist aller Liebe und Wahrheit in Verbindung zu treten.

Nun ist es an der Zeit, *das Denken einzustellen* und sich im Licht der göttlichen Gegenwart zu erkennen, demütig, aufnahmebereit und gelassen. Von nun an kann keine Belehrung oder Richtungsweisung einer anderen Person wirklich wertvoll sein, denn Ihre eigene Seele wird die Führung übernehmen, und keine äußeren Hilfen sind angebracht.

Eine Meditationsperiode sollte immer mit einem an Gott gerichteten Dankgebet enden, gefolgt von einer allmählichen Rückkehr zu den normalen Lebensbedingungen.

Manchen hilft es, ihre Meditationen auf Symbole zu stützen.

Sinnen Sie einen Augenblick über die Bedeutung des Kreises, des Kreuzes und des Kelches nach. Als Sonnenzeichen stellt der Kreis das Licht der alles durchdringenden Gegenwart Gottes dar, in der wir leben, uns bewegen und unser Sein haben. Hierin allein liegt schon ein bedeutender Wahrheitsaspekt, auf den man eine ganze Serie von Meditationen aufbauen kann. Das Kreuz als ein Symbol der Dualität, des Abstiegs des Geistes in die Materie, versinnbildlicht auch die Erlösung durch Christus und den Aufstieg durch Disziplin und Leid, was zur Rückkehr aus der Materie zum Geist führt.

Die Schale oder der Kelch symbolisiert das Emporsteigen aus der Dualität des Kreuzes in die Einheit, auf der Gottes gesamte Schöpfung basiert, das höchste Ziel menschlichen Bemühens. Dieses Symbol enthält den Wein der Inspiration, ein niemals versiegender Quell, der uns allen zur Verfügung steht und durch den das Ideal menschlicher Brüderlichkeit unter der Vaterschaft Gottes Wirklichkeit werden kann. In dieser bestimmten Meditationsform können wir uns den strahlend hellen Kreis vorstellen, in dessen Mitte das Symbol des Kreuzes sichtbar wird, das sich langsam auflöst, um den goldenen, mit rosa Wein gefüllten Kelch zu offenbaren, den wahrhaftigen heiligen Gral, das zentrale Symbol des kommenden Zeitalters.

Eines noch zum Abschluss: Entledigen Sie sich vor Beginn einer Meditation aller persönlichen Wünsche, Ängste oder Hoffnungen und jedes Gefühls von bedrückender Verwirrung oder Frustration. Sprechen Sie demütig: „Hier bin ich, sende mich", und legen Sie dann voller Vertrauen Ihr ganzes Sein in die Arme des Unendlichen.

Die Gabe des Gebens

Für die meisten Menschen ist es das Wichtigste im Leben, zu nehmen und zu bewahren, ohne danach zu fragen, ob es einer Gegenleistung bedarf. Dies verletzt das Gebot der Liebe, was überall sichtbare Folgen nach sich zieht.

Diejenigen, die bereitwillig geben, werden feststellen, dass ihren eigenen Bedürfnissen stets entsprochen wird. Selbstlos zu geben, bedeutet zu erhalten. Der Versuch zu erhalten, ohne zu geben, widerspricht dem göttlichen Gesetz und bringt keine anhaltende Zufriedenheit. Dieses Gesetz gilt mit Sicherheit für Nationen ebenso wie für Einzelpersonen. Fast alle Weltprobleme könnten gelöst werden, wenn die Prinzipien des Gebens und Dankens verstanden würden.

In Palästina gibt es zwei Binnenmeere, von denen das eine, der See Genezareth, mit frischem, klarem Wasser angefüllt ist, in dem sich Fische tummeln. An seinen grünen Ufern wachsen Bäume und Blumen. Das reine Wasser dieses Meeres, das heilende Eigenschaften besitzt, wird ihm vom Jordan aus den Hügeln um den Berg Hermon zugeführt. Christus liebte dieses Meer und verbrachte viele glückliche Stunden an seinen Ufern. Bis zum heutigen Tage erfüllen Heiterkeit und Kraft diesen Ort.

Der Jordan fließt weiter südwärts in ein anderes Meer. Hier regt sich kein Leben. Es gibt keinen Vogelgesang und kein Kinderlachen. Die Luft hängt düster und schwer über seinen Wassern, von denen weder Mensch noch Tier trinken mag. Dieses Meer ist tot.

Was verursacht diesen gewaltigen Unterschied zwischen den beiden Meeren Palästinas?

Das Meer von Galiläa nimmt das Wasser des Jordans auf, behält es aber nicht. Für jeden Tropfen, der hineinfließt, fließt ein anderer hinaus. Je mehr er freudig gibt, desto mehr empfängt es. Dies ist das Meer des Lebens.

Das andere Meer hortet jeden Wassertropfen, der es erreicht, und gibt keinen einzigen her. Das Meer von Galiläa gibt und lebt. Das andere Meer gibt nicht und lebt nicht. Es trägt seinen Namen zu Recht – das „Tote Meer".

Es scheint mir, dass Geben und Danken Tore öffnet, die ansonsten verschlossen blieben.

Jesus dankte und segnete die fünf Gerstenbrote und die zwei kleinen Fische, in der Gewissheit, dass das göttliche Gesetz der Fürsorge in Kraft treten werde. Er dankte Seinem Vater, *bevor* es sich in der Fülle manifestierte. Es ist leicht, sich im Nachhinein zu bedanken, obwohl wir auch dies oft vergessen. Andererseits fällt es schwer zu danken, wenn alles düster aussieht und die Probleme, denen wir gegenüberstehen, unlösbar zu sein scheinen. Aber dies ist der Dank, der zählt, denn er entspringt einem Glauben, der das Wirken des Gesetzes der Liebe begreift.

Ist es nicht der Mühe wert, die „Stille Minute" allabendlich um neun Uhr im Geiste der Dankbarkeit einzuhalten, die keinen anderen Lohn als den der Freude am Schenken kennt?

Manche bitten in dieser Minute um Kraft und Mut, um ihre eigenen Probleme zu lösen und selbst zur Ruhe zu kommen.

Manche nutzen die Minute, um sich in Gedanken und im Gebet mit fernen Angehörigen und Freunden oder verstorbenen Lieben zu verbinden.

Viele beten für die leitenden Männer ihres Landes, für eine Verständigung unter den Völkern und für Frieden.

Andere wiederum verweilen still und aufnahmebereit und achten auf die sanfte innere Stimme, die sie führt und erleuchtet.

Eine wachsende Anzahl von Menschen betet mit einfachen Worten: „Möge Dein Wille geschehen auf Erden. Zeige mir meine Aufgabe." Dann schweigen sie, denn sie wissen, dass Gott ihnen zu Seiner Zeit und in Seiner Weise Gelegenheit bieten wird, um zu dienen.

Man kann nicht erwarten, dass die Minute einheitlich eingehalten wird. Andererseits besteht die Hoffnung, dass ein unsichtbares Band jene Menschen miteinander verbindet, die sich allabendlich um neun Uhr schweigend begegnen. Vielleicht sollten wir diesen für viele wichtigsten Augenblick des Tages im Geiste der Dankbarkeit begehen. Dies heißt nicht, dass Gedenken und Entschlossenheit, die beiden anderen Kennworte für die Minute, nicht mehr gültig sind, sondern nur, dass die Danksagung an erster Stelle stehen sollte.

In der stets wachsenden Erkenntnis, dass Christus in unserer Mitte weilt, zu geben und zu danken, wird das Gesetz erfüllen und uns Glück und Frieden bringen.

An eine Hinterbliebene

(Aus einem Brief an eine Briefschreiberin, die ihren Mann und ihre beiden Söhne bei einem Autounfall verlor.)

Sie schreiben, dass Sie von einem Leben nach dem Tod überzeugt sind und zahlreiche Bücher gelesen haben, in denen die Gegebenheiten, die uns im Jenseits erwarten, geschildert werden, Sie aber immer unsicherer werden, je mehr Sie über dieses Thema lesen. Aus diesem Grunde bitten Sie mich um eine einfache Beschreibung der Beziehung zwischen dem physischen Tod und dem Leben danach.

Ich bin keine Autorität auf diesem Gebiet und kann Ihnen nur mitteilen, was meine eigenen Nachforschungen und Erfahrungen ergeben haben. Zunächst halte ich es für wichtig, sich stets vor Augen zu halten, dass der sogenannte „Tod" eine Geburt in sich selbst darstellt, eine Erneuerung des Lebens, die mit einer Bewusstseinserweiterung und größerer Wahrnehmungsfähigkeit einhergeht. Im Tod werfen wir lediglich die irdische Hülle ab. Wir geben nichts auf, was zu uns gehört oder ein Teil von uns ist. Während unseres Erdendaseins umhüllt die Seele unseren Geist (das wahre, ewige, individuelle und unzerstörbare Selbst). Die Seele wird vom Verstand und dieser (vorübergehend) vom physischen Körper eingehüllt. Den physischen Körper umgibt die sogenannte Ätherhülle, sein teilweise unsichtbares Gegenstück. Sie vermittelt zwischen Seele und Körper und hat bestimmte Aufgaben zu erfüllen. Sobald der Körper zerfallen ist, löst sie sich allmählich auf, da sie keine weitere Verwendung findet. Beim Tod ziehen sich Geist, Seele und Verstand als Dreiheit aus ihrer irdischen Form und äußeren Manifestation in der dreidimensionalen Dimension zurück. Obwohl Teil eines Ganzen, sind sie während des Erdendaseins nur selten voll aktiv.

Das „natürliche Leben", das unsere physische Form durchpulst, steht bei den meisten unserer irdischen Aktivitäten an erster Stelle. Dieses Leben ist allen Lebensformen in dieser Welt gemeinsam. Beim Tode „stirbt" (für uns) nur dieses natürliche Leben, die physische Vitalität, gefolgt von der Auflösung der irdischen Form, die es umschloss. Die Seele speichert die aus den irdischen Erfahrungen gewonnenen Werte und lässt sie in das nächste Erdenleben mit seinen Bedingungen einfließen.

Dem völlig unentwickelten Menschen, dessen Bewusstsein sich fast ausschließlich im animalischen und instinktiven Bereich bewegt, muss der Tod wie das Ende aller Dinge vorkommen, obwohl Geist, Seele und Verstand in ihrem embryonalen Zustand wohl behütet sind, wenn er „hinübergeht".

Wir sollten gelegentlich innehalten und darüber nachdenken, was wir zurücklassen, wenn wir diese Erde eines Tages verlassen. Ich meine natürlich nicht materielle Besitztümer, sondern Vermächtnisse, die wir dieser und zukünftigen Generationen zwangsläufig hinterlassen werden.

Zunächst wird es sich dabei um die Auswirkungen unserer Gedanken, Worte und Taten handeln, also um ihren kumulativen Effekt auf das menschliche Gesamtbewusstsein, sei es zum Guten oder zum Bösen. Wahrhaftig keine Kleinigkeit! Hinzu kommt jenes „natürliche Leben", das unsere physische Form von der Geburt bis zum Tod mit Vitalität durchströmte. Dieses „Leben" können wir in das allgemeine Reservoir zurückfließen lassen, entweder bereichert, weil wir es gut nutzten, oder befleckt, weil wir es missbrauchten, während wir es besaßen. Über diese Dinge sollte man nachsinnen, um richtig zu handeln, ehe es zu spät ist.

Was bedeutet es, beim Tod aus dem drei- in den vierdimensionalen Seinszustand zu treten? Da sich unsere Sprache im dreidimensionalen Raum bewegt, lässt sich ein Leben, dem eine Dimension mehr zu eigen ist, mit Worten unmöglich beschreiben. Unsere Gedanken (und mit Sicherheit unsere Träume) sind in vier, nicht nur in drei Dimensionen „tätig". Diese zusätzliche vierte Dimension, die unsere Lebenserfahrung bereichert, hebt unsere Bindung an die Zustände von Form, Zeit und Raum auf. Während unseres Erdendaseins fühlen wir uns wie in einem Käfig, dem wir nicht entfliehen können. Mit dem „Tod" hört dieser Käfig auf zu existieren, und wir gewinnen eine Freiheit, die sich unserem gegenwärtigen Fassungsvermögen entzieht.

Werden wir in diese Welt geboren, müssen wir mit der Zeit lernen, zu sehen, zu fühlen und zu denken, unsere Gliedmaßen richtig zu bewegen, Nahrung zu uns zu nehmen und unsere körperlichen Aktivitäten zu beherrschen.

Wenn wir „sterben" und augenblicklich in ein neues Umfeld hineingeboren werden, vollzieht sich ein vergleichbarer Prozess. Der geistigen und seelischen Entwicklung des Einzelnen entsprechend, verweilen wir eine Weile schlafend, ruhig und ohne zu denken und bereiten uns auf den nächsten Schritt vor. Bei einem unerwarteten Tod oder gewissen anderen Umständen mag unmittelbar nach dem „Hinübergehen" ein volles Bewusstsein aufblitzen, was aber nur kurz währt.

Eine hochentwickelte Seele bedarf nach dem physischen Tod keiner Schlaf- oder Ruheperiode.

Wir sollten stets daran denken, dass wir beim Erwachen in unserem neuen Umfeld in Bezug auf unsere Gedanken und Gefühle und unser individuelles Erscheinungsbild exakt dieselben sind wie vorher. Unser Individualitätsempfinden werden wir niemals gänzlich verlieren, obwohl wir uns den neuen Gegebenheiten allmählich anpassen.

An dieser Stelle möchte ich kurz auf jene Wesen eingehen, die wir als *Engel des Todes* bezeichnen. Dabei handelt es sich nicht um Engel im himmlischen Sinne, sondern um weit fortgeschrittene Menschenwesen, die sich bereit erklärt haben, im sogenannten Grenzbereich, der unmittelbar jenseits der Erdebene liegt, zu wirken. Ihre Aufgaben ähneln in gewisser Weise denjenigen einer Hebamme. Sie helfen jeder einzelnen Seele, ihre physische Form in einer Weise zu verlassen, dass sie keinen Schaden nimmt, wenn sie in das neue vierdimensionale Leben eintritt. Die *Engel des Todes* überwachen das Durchtrennen der Silberschnur und stehen uns bei (wenn die Zeit gekommen ist), uns aus dem irdischen Gefängnis zu befreien.

Eine weitere Aufgabe besteht darin, Verwandte oder Freunde, die den physischen Tod bereits durchlebt haben und sich in ihrer neuen Umgebung heimisch fühlen, um Beistand für die neuangekommene Seele zu bitten. Wenn Ihr Gatte oder Ihre Söhne beim Erwachen in ihr neues Leben von Menschen „empfangen" wurden, die sie bereits kannten und liebten, werden sie sich bald nicht mehr fürchten oder einsam fühlen.

Sie bitten mich, ausführlicher über das Leben in jenem Grenzbereich und in den höheren Welten zu berichten, was leider unmöglich ist, da es keine Worte gibt, um diese Gegebenheiten zu beschreiben. Es ist vor allem wichtig, den Tod als Geburt, als einen wunderbaren Neubeginn zu betrachten und nicht als ein jähes Ende, dem nichts mehr folgt. Der Tod ist ein völlig normaler Vorgang. Wir sollten uns freuen, wenn er einem geliebten Menschen die Freiheit und ein Glücksgefühl schenkt, von denen wir, die wir noch auf der Erde weilen, kaum etwas wissen. Trauer oder Kummer unsererseits sind unangebracht. Wir trauern ja auch nicht einem zerschlissenen Mantel nach, den wir aufgrund seines Zustandes wegwerfen mussten.

Sie werden fragen, warum so viele „Mäntel" abgestoßen werden mussten, obwohl sie noch nicht abgetragen waren. Diese Frage berührt das Gesetz von Liebe und Gerechtigkeit, das in einem engen Zusammenhang mit dem Gesetz von Ursache und Wirkung steht. Diese Gesetze gelten für lange Daseinsperioden und Ereignisse in dieser und in anderen Welten des Lebens und des Seins. Die Gottesliebe erfüllt sich in der Gerechtigkeit. Selbst wenn wir das Wirken dieser Gesetze heute noch nicht begreifen, gibt es keinen Grund, sich vor dem Resultat zu fürchten.

Wenn Sie das Leid zu überwältigen droht, halten Sie sich folgenden Gedanken vor Augen: „Der Tod ist das Tor zu einem neuen, umfassenderen Leben. Ich freue mich über die Freiheit, die meine Lieben gewonnen haben."

Reichtum

Die eigentliche Bedeutung dieses wunderschönen Wortes wird kaum verstanden. Unter *wahrem* Reichtum versteht man nicht, wie allgemein angenommen, den Besitz eines dicken Bankkontos, von Häusern, Ländereien oder Automobilen. Solche materiellen Annehmlichkeiten mögen äußeren Wohlstand widerspiegeln. Wahrer Reichtum hingegen ist ein Geschenk Gottes, das jedem zuteil wird, der sich darum bemüht, aufnahmefähig und seiner würdig zu werden. Wir sprechen von der unendlichen Liebe Gottes allen Seinen Geschöpfen gegenüber. Nur selten halten wir inne, um uns der vollen Bedeutung dieser erstaunlichen Aussage oder der Tatsache bewusst zu werden, dass diese unendliche Liebe neben anderen Gaben auch Reichtum beinhaltet. Das eine ist ohne das andere nicht vorstellbar.

Das Leben als solches ist frei. Wir müssen es ebenso wenig kaufen wie die Fähigkeit, zu denken und zu fühlen. Diese Dinge gehören zu uns wie die Luft zum Atmen. Wahrer Reichtum steht uns jetzt und immer zur Verfügung. Es handelt sich um eine Gabe des Geistes, deren Ursprung niemals weltlicher Natur sein kann. Selbst wenn diese Behauptung momentan noch allzu transzendent erscheinen mag, halten Sie einen Augenblick inne und denken über ihre Bedeutung nach, ehe Sie sie verwerfen.

Es gibt nichts Sichtbares im Erdenleben des Menschen, das nicht einer „Idee" entsprungen ist. Das Haus, in dem Sie wohnen, das

Auto, das Sie fahren, Ihre Geschäfte, der Tisch, an dem ich sitze und schreibe, alles wurde aufgrund eines Gedankens oder einer Gedankenkombination ins Leben gerufen. Mit anderen Worten, das materielle Universum, wie wir es kennen, ist mentalen Ursprungs. Ideen können nicht aus sogenannter physischer Substanz entstehen. Sie sind Kinder des Geistes. Die Fähigkeit des Geistes zu denken, ist eine unschätzbare Gabe und unser gemeinsames Erbe. „Gedanken sind Dinge", heißt es. Richtiger wäre es zu sagen, dass kein „Ding" ohne den dahinterstehenden Gedanken entstehen kann.

Gott schenkte dem Menschen den freien Willen. Demzufolge können wir unser Denken auf die Quelle unseres Seins ausrichten, was unvermeidlich in Reichtum mündet, oder wir wählen die entgegengesetzte Möglichkeit und erleben früher oder später Armut und Mangel. Wir haben die Wahl und können täglich neu entscheiden.

Der Durchschnittsmensch wird auf die Frage, was er hier auf Erden benötigt und wünscht, Gesundheit, Zufriedenheit, Freunde und ausreichend Geld, um gut leben zu können, angeben. Sein Augenmerk gilt nicht der Idee, sondern ihrem äußeren Resultat in Form von „Dingen" und Gegebenheiten, deren Besitz in seinen Augen ausschließlich auf dem Inhalt seiner Börse basiert. Diese Einstellung hindert ihn daran, die Quelle des Reichtums anzuzapfen und ihm ihre niemals versiegende Fülle zu gewährleisten. Macht man einen solchen Menschen darauf aufmerksam, dass sein Wohl allein von seiner Geisteshaltung abhängt, wird er diese Vorstellung ungläubig von sich weisen.

Der gesamte Kosmos entsprang einer Idee, die mitunter als *Logos* oder als das *Wort Gottes* bezeichnet wird. Der Geist jedes Einzelnen von uns spiegelt diesen Kosmos wider. Dieser Kosmos drückt sich in unserem Geist aus, in den sich unaufhörlich ein Strom von Ideen ergießt. Es liegt an uns, ob wir diesen Strom hemmen oder nutzen. Es steht in unserer Macht, diese Ideen harmonisch miteinander zu verbinden, sie zu missbrauchen oder sie insgesamt von uns zu weisen. Fülle (oder Mangel) hängt weder von Menschen noch von Umständen ab, die sich unserer Kontrolle entziehen, was wir nur allzu gerne glauben, sondern basiert einzig und allein auf unserer geistigen Einstellung und der Art und Weise, in der wir uns der Ideen bedienen. Metaphysisch ausgedrückt bedeutet dies, dass das Gebet und die richtige Motivation unseren Reichtum und unser Wohlbefinden in dem Maße fördern, in dem wir unser Denken auf die Quelle des Lebens ausrichten. „In Ihm leben und bewegen wir uns und haben unser Sein" – eine Aussage, die heute und für alle Zeit Gültigkeit besitzt. Im Geiste Gottes, unseres Vaters, existiert der Begriff „Zeit" nicht. Es gibt nur das ewige, allgegenwärtige JETZT.

Von höchster Ebene aus denken

Vielleicht ist es verständlich, dass wir dazu neigen, uns fast ausschließlich über unseren physischen Körper zu identifizieren und in ihm einen wesentlichen Teil des *Ich bin* sehen, anstatt ihn als vorübergehende Hülle zu betrachten, die abgeworfen wird, sobald sie ihren Dienst erfüllt hat.

Eine Nachbarin berichtete mir vom Heimgang ihrer Mutter mit den Worten: „Ich habe meine liebe Mutter verloren. Sie ist tot." Als ich sie darauf hinwies, dass nur der physische Körper, nicht aber die Mutter selbst vom Tod betroffen sei, meinte sie. „Ich sehe keinen Unterschied darin." Dieser Einstellung begegnet man häufig.

Dem Empfinden von Getrenntsein entspringt viel unnötiges Leid, was darauf zurückzuführen ist, dass viele Menschen in dem physischen Körper das wirkliche Du oder Ich sehen. Wenn unter *Tod* als endgültiges Auslöschen verstanden wird, sollte man dieses Wort aus dem Wörterbuch streichen und durch „Trennung" vom physischen Körper ersetzen. Das Leben zieht sich aus der Form, die es vorübergehend benutzte, zurück. Das ist unter dem Begriff *Tod* zu verstehen.

Kürzlich besuchte mich ein Freund, um sich ein wenig mit mir zu unterhalten. Nach einer Weile meinte er: „Welch ein wunderschöner Tag! Wir sollten unsere Körper ein wenig spazierenführen. Die Bewegung wird ihnen gut tun."

Diese Bemerkung veranlasste mich, meine Denkweise zu ändern. Es wurde mir bewusst, dass man sich gewöhnlich ausschließlich mit der äußeren Form identifiziert, die man vorübergehend angenommen hat. Man sollte manchmal innehalten und überlegen, ob man sich mit einer Äußerung wie: „Ich werde dies oder jenes tun", auf seinen Körper oder sein wahres Selbst bezieht oder eine Kombination von beidem, als ob sie ein unteilbares Ganzes bildeten.

In dem physischen Körper nicht länger das wahre Selbst zu sehen, bedeutet nicht, seinen vorübergehenden Besitz als wertlos zu erachten.

Solange sich ein Gewand in gutem Zustand befindet, ist es nützlich. Der Körper besitzt ein natürliches Leben, das uns jederzeit zur Verfügung steht. Aber je stärker ich mich mit ihm identifiziere, desto beharrlicher wird er ungeteilte Aufmerksamkeit fordern, was dazu führen kann, dass er sinnlose und ungerechtfertigte Forderungen stellt.

Haben Sie jemals erwogen, von geistiger Ebene aus nach unten zu denken, anstatt umgekehrt? Vom Körper aus aufwärts zu denken, führt in der Regel dazu, dass unsere Gedanken fortwährend zu den Bedürfnissen und Ansprüchen des Körpers zurückkehren und alles andere ausschließen.

„Ich bin so müde" oder „Ich fühle mich krank und habe Schmerzen", kann unser Denken in einem Maße beanspruchen, dass man vergisst, auf welche Weise der Körper sich dies zu Nutze macht, wenn man sich, ohne sich dessen bewusst zu werden, mit ihm identifiziert.

Wie kann man die Gewohnheit entwickeln, „von oben her" zu denken?

Zunächst versuchen wir, im Gebet und in der Meditation die Gedanken zum Schöpfer, zum Ursprung, der Quelle unseres Seins, zu erheben.

Eine Möglichkeit, sich Gott zu nähern, besteht darin, über Seine Eigenschaften nachzusinnen.

Betrachten wir Ihn als ewiges *Leben*, unendliche *Liebe* und *Weisheit*, nähern wir uns dem „ersten Ausgangspunkt“ in einer für den Menschen unmittelbaren Weise. In diesem Fall sollten wir als Erstes über das Wort „ewig“, den wohl ehrfurchtgebietendsten Begriff unserer Sprache, meditieren. Eine gute, obwohl unzulängliche Definition wäre „grenzenlos in Zeit und Raum und unerschöpflich“.

Der nächste Schritt auf dem Weg um „von oben nach unten“ zu denken sollte darin bestehen, diese Definition auf die Begriffe „Leben“, „Liebe“ und „Weisheit“ anzuwenden und über ihre Bedeutung nachzusinnen.

Unser Verständnis von der wahren Bedeutung dieser erhabenen Worte mag unzulänglich und fehlerhaft sein. Diese Tatsache darf uns nicht daran hindern, die negative Angewohnheit, vom Untergeschoss aus zu denken, umzukehren und unser Denken vom Dachfirst aus zu beginnen. Vielleicht lässt sich dieser Vorgang am besten anhand eines Gleichnisses beschreiben. In jedem Fall ergibt sich daraus eine sinnvolle Grundlage für die Meditation über die wahre Bedeutung des „Ich bin“, das eigentliche „Du“ und „Ich“.

Der Schöpfer des Universums legt einen Samen in den geistigen Boden des Himmels. Dieser Same geht auf. Der Same sind Sie. Zu gegebener Zeit gewährt Ihnen die Gottheit drei Gaben: (1) Das ewige Leben, (2) Intelligenz oder Verstand und (3) die Fähigkeit, aus den niemals versiegenden Quellen des Lebens, der Liebe und der Weisheit schöpfen zu dürfen.

Von der Gabe der Intelligenz können Sie Gebrauch machen, indem Sie die göttliche Aussage: „Ich bin, also bist Du“ beantworten: „Weil Gott ist, bin ich. In Ihm lebe und bewege ich mich und habe mein Sein.“ Dies ist die Lehre Christi.

Diese Einstellung führt zu einer völlig anderen Sichtweise, verglichen mit der weltlichen Denkweise, dass ich ausschließlich in meinem physischen Körper „lebe, mich bewege und bin“.

Denken Sie daran, dass Sie Ihr Sein, Ihr Sein in Gott, aus dem ewigen Lebensbrunnen schöpfen, aus der Quelle der Liebe, um Seine Liebe in der Gemeinschaft und im Dienst am Mitmenschen widerzuspiegeln, und aus der Quelle der Weisheit, um den Sinn Ihres Lebens zu verstehen und zu erfüllen.

Fahren wir mit dem Gleichnis fort. Da Sie aus dem Geist leben, müssen Sie die Sache des Vaters weiterführen. Dazu bedürfen Sie einer Gestalt. Die Gnade Gottes hüllt Sie in ein Gewand, in einen geistigen Körper. Dieses Gewand aus geistiger Substanz ist unzerstörbar, vollkommen und nicht dem Verfall preisgegeben. Dies ist Ihr wahrer Körper, der sich niemals verändert, wohl aber äußere Gewänder oder „Körper" tragen mag, derer sich ihr geistiges Selbst bedient, falls erforderlich.

Demnach lebt das „Ich bin", Ihr geistiges Selbst, in einem Gottesbewusstsein, das nicht in ferner Zukunft, sondern im Hier und jetzt liegt. Sie und ich können *jetzt* von dieser Ebene aus denken, reden und handeln, obgleich uns unsere physische Hülle daran zu hindern scheint.

Es ist unser gutes Recht, in alle Ewigkeit zu erklären: „Ich bin Geist und bete Gott im Geiste und in der Wahrheit an."

Man mag sich nach dem Wert einer solch veränderten Denkweise fragen. Diese Frage erschöpfend zu beantworten, steht mir nicht zu. In jedem Fall führt sie dazu, das äußere Ich zur Ruhe zu bringen und zu lernen, sich „vom Körper zu lösen und im Herrn zu sein", was geistig und körperlich entspannt und somit heilend wirkt.

Abgesehen von diesem unbestrittenen Gewinn, kann ich es nur befürworten, diese Denkweise zur Grundlage von Gebet und Meditation zu machen.

Am Anfang wird es nicht einfach sein. Die Erfahrung hat gezeigt, dass nur beharrliches Bemühen zu sinnvollen Ergebnissen führt. Nach dem Erwachen am Morgen wende man seine Gedanken unverzüglich aufwärts. Im Laufe des Tages beginne man jeden neuen Gedankengang auf höherer Ebene. Sieht man sich einem Problem gegenüber, erhebe man sich darüber und betrachte die Schwierigkeit von oben. Lassen Sie sich nicht in die Komplexität der Sache selbst hineinziehen, da Sie ansonsten die richtige Perspektive verlieren.

Wenn Sie sich am Abend auf die *Stille Minute* vorbereiten, rufen Sie sich diese Gedanken ins Gedächtnis und meditieren eine Weile über folgende Worte:

„Hier und jetzt schöpfe ich aus der Quelle des Lebens, um meine Existenz in Gott zu bekunden. Ich schöpfe aus der Quelle der Liebe, um Seine Liebe in der Gemeinschaft und im Dienst an den Mitmenschen widerzuspiegeln. Ich schöpfe aus der Quelle der Weisheit, um den Zweck meines Lebens zu verstehen und zu erfüllen."

Eines Tages wird sich eine tiefe Stille auf Sie und mich herabsenken, eine von der Liebe Gottes erfüllte Ruhe.

Aus dieser Stille wird sich eine sanfte, leise Stimme erheben und Ihnen und mir die ersehnte Antwort geben.

Wie wunderbar wird es dann sein, beglückt und in Frieden seinen Weg zu gehen!

Kapitel X

Licht aus dem Dunkel

Die aus ferner Vergangenheit überlieferte Geschichte von Luzifer, dem Fürsten der Finsternis, ist von unvergleichlicher Anziehungskraft und Widersprüchlichkeit. „Wie bist du vom Himmel gefallen, oh Luzifer (Tagesgestirn), Sohn des Morgens?" Diese Frage des Propheten Jesaja könnte auch lauten: „Wie und warum bist du vom Himmel gestürzt, oh Luzifer, ohne deine himmlischen Titel *Tagesgestirn* und *Sohn des Morgens* zu verlieren?" Obwohl als „Satan" oder „Prinz der Finsternis" überliefert, wird Luzifer immer noch der *Lichtbringer* oder der *Leuchtende* genannt. Liegt hier vielleicht der Schlüssel zu dem Geheimnis, wie sich das Licht aus der Finsternis erheben und das sogenannte Böse zum Guten gewendet werden kann? Ebenso wie die ersten Kapitel der Genesis zwei verschiedene Schöpfungsgeschichten enthalten (Der erste Bericht findet sich in Genesis 1-2, einschließlich Vers 5. Der zweite beginnt mit Genesis 2, Kap. 6: „Und von der Erde stieg ein Nebel auf…"), sind uns zwei völlig unterschiedliche Erzählungen von Luzifer und seinem Sturz überliefert worden. Die orthodoxe Version spricht von Luzifer als einem ursprünglich strahlenden Lichtengel, der sich gegen seinen Schöpfer auflehnte und daraufhin aus den Himmelssphären verstoßen wurde. Er war gezwungen, in unsere und in die Unterwelt hinabzusteigen. In den biblischen Geschichten wurde er schließlich mit *Satan* und *Diabolos*, dem Ankläger und Verleumder, gleichgesetzt. Eine ältere Überlieferung deutet den „Fall" Luzifers aus der Gnade feinsinniger und kommt der Wahrheit wohl auch näher. Luzifer, einer der sieben Engel am Throne des Schöpfers des Sonnen-Universums, galt als Schutzherr des heiligen Planeten Venus, der nach allgemeiner Auffassung auf einer höheren geistigen Evolutionsstufe steht als unser Planet. (Dieser strahlende Stern ist der erste, der bereits in frühester Zeit beobachtet wurde, und der einzige, den Homer erwähnt. Jesaja preist seinen Glanz unter dem Namen Luzifer. Die alten Ägypter nannten ihn den „himmlischen Vogel des Morgens". Vor 3500 Jahren beobachteten die Babylonier einen Transit der Venus über die Sonne. Die Inder nannten sie die „Strahlende", und bei den Arabern trug sie den Namen „Zorah, Glanz des Himmels". Es kam der Tag, an dem Gott nach einem Engel rief, der sich bereit erklärte, freiwillig in die materielle Finsternis menschlichen Bewusstseins auf die Erde hinabzusteigen. Von diesem Engel wurde das Opfer erwartet, seine neue Aufgabe in der Hülle des Fürsten der Finsternis zu erfüllen. Der Überlieferung nach war Luzifer dem Ruf des Vaters gefolgt und, seinen hohen Rang aufgebend, in die Materie hinabgestiegen oder „gefallen". Seither weilt er in unserer Mitte und ist uns als „Satan" oder Widersacher (was nicht unbedingt ein böses Wesen heißt) bekannt.

In der „Offenbarung" berichtet Johannes von einem Stern (Engel), der vom Himmel fiel und dem der Schlüssel zum „Brunnen des Abgrunds" gegeben wurde (Off. IX,1), ein Hinweis, der sich auf Luzifer beziehen könnte, dem einem alten Bericht zufolge die Schlüssel zur Unterwelt und die Aufsicht über die Naturgewalten übertragen wurde.

Als Luzifer unter die Menschen trat, soll seine Bereitschaft, als Lichtbringer zu wirken, kein Echo gefunden haben und das Licht seines Sterns aufgrund der Unwissenheit und Gegenwehr der Menschen inmitten der dunklen Machenschaften, die auf der Erde tobten, trübe geworden sein. Bei Hiob (Kap. 38) heißt es: „Wo warst du, da ich die Erde gründete? Sag an, wenn du Bescheid weißt... als die Morgensterne allzumal frohlockten (das heißt vor dem Fall Luzifers, des Morgengestirns, aus der Höhe) und alle Gottessöhne jubelten? ... Hast du in deinen Tagen je dem Morgen geboten, dem Frühret seinen Ort gewiesen, dass es die Säume der Erde erfasse und die Gottlosen von ihr abgeschüttelt würden (dass die Erde von der Sünde gereinigt werde)?“ Luzifers Mission wurde von den Menschensöhnen weder willkommen geheißen noch verstanden. Die Art, in der er vorging, wurde irrtümlicherweise als der rote Feuerdrache oder die Schlange gesehen und gefürchtet. Die Furcht machte den Menschengeist blind. So wurde Luzifer Versucher und Erlöser zugleich. Er lehrte und disziplinierte die Menschen (was auch heute noch geschieht) durch Schmerz und Leid, um sie anzuspornen und zu ermutigen, sich aus dem Dunkel der Unwissenheit dem Licht der Erkenntnis zuzuwenden.

Wer könnte leugnen, dass diese frühe Darstellung der Mission Luzifers wesentliche Elemente der Wahrheit enthält? Ebenso wie der menschliche Intellekt nicht in der Lage wäre, Licht wahrzunehmen, hätte er keine Dunkelheit erfahren, lässt uns erst Luzifer, der Fürst der Finsternis, das Licht erkennen. In diesem Sinne mögen Christus und Luzifer sich nicht nur ergänzen, sondern sogar Aspekte desselben Ganzen sein. Die Verheißung in der Offenbarung (Joh. 2,28) scheint diesen Gedanken zu erhärten: „Und ich will ihm (dem, der überwindet) den Morgenstern geben“, ein Synonym für Luzifer, Tagesgestirn oder Sohn des Morgens.

Ohne Dunkelheit gäbe es kein Licht, ebenso wie der Klang ohne die Stille keine Bedeutung besäße. Vielleicht trifft es zu, dass wir ohne die Unterstützung Luzifers, des Fürsten der Finsternis, nicht fähig wären, Christus, den Fürsten des Lichtes, zu erkennen. Falls es zutrifft, dass Luzifer die Ergänzung Christi ist, gewinnt die Aussage im zweiten Petrusbrief (1,19) eine tiefere Bedeutung: „Und so ist uns das prophetische Wort, das wir haben, fester geworden, und ihr tut gut, darauf zu achten als auf ein Licht, das an einem dunkeln Orte scheint, bis der Tag anbricht (bis ihr die Gegenwart Christi erkennt) und der Morgenstern (Luzifer) aufgeht in euren Herzen.“ In diesem Zusammenhang könnte man sagen, dass der Morgenstern das Heraufdämmern eines größeren Lichtes, der Sonne, ankündigt und von ihr absorbiert wird, sobald sie ihre volle Strahlkraft erreicht hat.

Unsere Vorstellung von Luzifer als furchterregendes und böses Wesen scheint auf einem Irrtum zu beruhen, denn er könnte ebenso wie Christus als Instrument des göttlichen Planes dienen (Off. 22,16): „Ich, Jesus, habe *meinen Eng*el gesandt, euch dies zu bezeugen. Ich bin der glänzende Morgenstern." Luzifer wirkt im menschlichen Bewusstsein wie eine Art Herausforderung und kann nur zum Vater aufsteigen, wenn die Menschheit sich erhebt und in diese Richtung strebt. Um seinen Platz in der geistigen Welt wiederzugewinnen, muss er uns dorthin mitnehmen. In den östlichen Schriften wird dieses erhabene Wesen daher Versucher und Erlöser zugleich genannt.

Die Zahl und Vielfalt der Namen und Bezeichnungen, mit denen Luzifer seit alters her belegt wird, verblüfft: Luzifer, Fürst der Finsternis, Sohn des Morgens, Tagesgestirn oder Tagesanbruch aus der Höhe, Erwecker der Morgenröte, Lichtwesen, Lichtbringer, der rote Feuerdrache, Phosphorus, der verlorene Sohn, die große Schlange, Versucher und Erlöser, Satan und der „Böse", der Prüfer, Besitzer der Schlüssel zum Totenreich, Befreier, Offenbarer, Hüter der Schwelle und Vermittler. Das Wort *Luzifer* ist das einzige im Lexikon, das die beiden Extreme menschlicher Vorstellung, gut und böse, miteinander vereinigt.

Demnach durfte Luzifer, der Überlieferung zufolge, seine himmlischen Titel auch nach seinem sogenannten „Fall" beibehalten. Dies lässt vermuten, dass er seinen hohen Rang nicht als Rebell verlor, der aufgrund seiner bösen Taten verbannt wurde, sondern gemäß dem Willen Gottes hinabstieg, um eine gewaltige Aufgabe zu erfüllen, die ihm ungeheure Opfer abverlangte. Vielleicht hatte Lukas (der Leuchtende) dies ebenso im Sinn, als er schrieb (Luk. 1,78): „Wegen der mitleidsvollen Barmherzigkeit unseres Gottes, womit auf uns strahlen wird der Aufgang aus der Höhe zu leuchten denen, die in Finsternis und Todesschatten sitzen, zu leiten unsere Füße auf den Weg des Friedens." Könnte es nicht Luzifer sein, der selbstlos an unserer Dunkelheit teilhat, dessen Hand uns über zahlreiche Versuchungen und Leiden, die *er selbst* uns auferlegt, in das Licht führt und wir in diesem Licht Luzifer als unseren Morgenstern, den Tagesanbruch aus der Höhe, erkennen?

In einer alten Schrift des Ostens heißt es. „Nun ist es erwiesen, dass Satan[2], der rote Feuerdrache, der Luzifer oder Lichtträger *in uns ist*. Er ist unser Verstand, unser Versucher und Erlöser, unser Befreier und Retter aus dem rein Animalischen." Falls diese Aussage zutrifft, dürfte zwischen Christus und Luzifer eine brüderliche Beziehung bestehen. Symbolisch ausgedrückt, könnte man sie mit den beiden Seiten einer Münze vergleichen, da sich absolutes Licht und absolute Dunkelheit gegenseitig enthalten.

Zweifellos haben Bibel-Kommentatoren diese beiden Berichte miteinander verwechselt. Hinzu kommt, dass Chronisten versucht haben, beide eindeutigen Versionen des Luzifer-Mysteriums in einer Erzählung miteinander zu verschmelzen, was aus den widersprüchlichen Eigenschaften hervorgeht, die diesem geheimnisvollen Wesen zugeschrieben werden. Ich möchte klarstellen, dass ich mich ausschließlich auf die ältere Überlieferung stütze, wenn ich von Luzifer als dem Vorboten Christi, des Ewigen, spreche. Daher lehne ich die späteren Interpolationen ab, die versuchen, Luzifer mit dem Teufel und dem Bösen als solchem zu identifizieren. Bei Abaddon, dem Appolyon der Griechen, dem Zerstörer, handelt es sich aus dieser Sicht um eine Vorstellung, die sich von Luzifer, dem Lichtbringer oder sogar Satan, dem Widersacher, eindeutig unterscheidet. Im ersten Kapitel des Buches Hiob wird Satan als ein Geschöpf beschrieben, gemeinsam mit jenen, die als Gottessöhne bezeichnet werden, in vertrautem Gespräch mit der Gottheit zu stehen. Hier liegt eine der Bibelstellen vor, denen zufolge Satan wohl mit einer göttlichen Mission betraut wurde, in diesem Falle, um Hiobs Glauben und Güte zu prüfen. Hiob durchschreitet das Feuer der Läuterung, die Flamme Luzifers, und geht gestärkt

2 Der Begriff „Satan" ist hier nicht im späteren Sinne als Feind Gottes und der Menschen zu verstehen. Satan ist jener seiner Diener, dem es obliegt, sich dem Anspruch des Menschen zu widersetzen, angesehen vor Gott zu stehen (Sach. 3,1), das heißt, der Gottes prüfende und sichtende Vorsehung repräsentiert. (A. G. Hogg, The Message of The Kingdom, S. 26).

daraus hervor. Er vermag alle Katastrophen, mit denen Satan ihn bedrängt, zu bewältigen.

Anhand der kargen überlieferten Berichte habe ich versucht, die Geschichte Luzifers zusammenzufügen. Es bleibt nun noch die Frage, inwieweit sie sich für unseren Alltag als nützlich erweisen kann. Obwohl es manche vorziehen mögen, ihre eigenen Schlüsse daraus zu ziehen, möchte ich einige Gedanken hinzufügen, die mir persönlich hilfreich zu sein scheinen. Von unserem gegenwärtigen Wissensstand aus kann das, was wir als gut und böse, Licht und Dunkel, Christus und Luzifer bezeichnen, nur in relativem Sinne definiert und verstanden werden. Die tiefere Bedeutung der Luzifer-Überlieferung scheint hauptsächlich darin zu liegen, in welchem Ausmaß seine prüfende und offenbarende Mission die Menschheit aus der Dunkelheit in das Licht der erlösenden und heilenden Gegenwart Christi erhebt. Unsere Furcht vor dem, was wir Satan nennen, scheint der Unwissenheit zu entspringen, und Unwissenheit ist die Hauptursache der „Sünde“. Wenn sich die sogenannten bösen Intelligenzen in einem gefallenen Seinszustand befinden, muss unser individuelles Streben nach dem Licht „Satan“ helfen, sich selbst zu erlösen und die Konsequenzen seines „Falls aus der Gnade“ wieder aufzuheben. Die Furcht vor dem Tod und vor der Hölle scheint menschliche Einbildung zu sein, die jeder realen Grundlage entbehrt. Der physische Tod bedeutet das Tor zu einem umfassenderen und erfüllteren Leben. Wahrscheinlich liegt die einzige Hölle, die es gibt, allein in der menschlichen Vorstellung. Außerhalb seines Bewusstseins existiert sie nicht. Wir sollten Luzifer, den Befreier in uns, nicht fürchten, sondern mit ihm zusammenarbeiten, indem wir uns den Prüfungen und Versuchungen, die er uns stellt, widersetzen und seine Aufgabe in dem erhabenen Plan zu verstehen trachten. Elektrizität entsteht durch die Reibung von Widerständen. Weder ein Schiff noch ein Flugzeug wären in der Lage sich fortzubewegen, wenn die Schiffsschraube oder der Propeller nicht auf den „Widerstand“ des Wassers oder der Luft stießen, mit anderen Worten, auf Gegendruck.

Ähnlich verhält es sich mit dem Fortschritt des Menschen. Luzifers Widerstand unterstützt sein Aufwärtsstreben zum Licht.

Jeder Mensch kann in seinem Alltag zum Lichtträger oder Verbreiter der Dunkelheit werden, da er aufgrund seines freien Willens die Richtung seines Weges zu bestimmen vermag. Licht und Dunkelheit sind hier nicht im wörtlichen Sinne zu verstehen, sondern Licht als Weisheit oder geistige Erkenntnis und Dunkelheit als Unwissenheit und Selbstsucht. Die Prüfung (Versuchung) als solche ist keine Sünde. Versuchungen, denen man widersteht, dienen als Instrument des Fortschritts, wertvolle Gelegenheiten, die geistigen Muskeln zu trainieren. Die Anwesenheit Luzifers im menschlichen Bewusstsein gereicht uns zum Segen, auch wenn für uns scheinbar „verschleiert", und ist keineswegs etwas Böses, vor dem wir uns fürchten müssen. Wir sollten unseren „Freund, den Feind" (Luzifer) willkommen heißen und nicht zurückweisen. Alle Hindernisse und Schwierigkeiten, die er uns in den Weg legt, dienen dazu, dass wir lernen, sie zu überwinden und somit aufzusteigen. Ebenso wie man uns lehrt, für unsere Feinde zu beten, sollten wir für Luzifer beten, der in uns gefangen liegt und nur gemeinsam mit uns aufsteigen und zum Vater zurückkehren kann.

In *The Secret of Time and Satan* trifft Edward Carpenter den Kern, wenn er schreibt: „Schließlich sah ich Satan vor mir erscheinen...eine herrliche, formvollendete Gestalt....mit leuchtenden Gliedern...er blickte von oben aus dem Gebüsch herab...Er stand in der gleißenden, unerträglich heißen Sonne und ich im Schatten der Büsche... „Komm heraus", meinte er höhnisch. „Fürchtest du dich vor mir?" Ohne zu antworten, sprang ich auf ihn zu und schlug ihn. Er schlug zurück, geißelte, versengte und tötete mich mit seinen Flammenhänden. Ich war glücklich, denn mein Körper lag tot da. In einem anderen Körper sprang ich ihn erneut an. Er griff mich an, schlug mich tausend Mal und tötete auch diesen Körper. Ich war glücklich und sprang ihn immer wieder mit einem anderen Körper an... Alle Körper, die ich annahm, unterwarfen sich ihm und lagen wie ein Feuerkranz auf mir. Ich schleuderte sie beiseite. Die Schmerzen, die ich in dem einen Körper litt, verwandelten sich in Kräfte, die ich auf den nächsten Körper übertrug. Meine Stärke nahm zu, bis ich schließlich vollendet vor ihm stand, mit einem Körper, der dem seinen glich, machtvoll wie er – jubelnd vor Stolz und Freude. Da hielt er inne und sprach: „Ich liebe dich!" Seine Gestalt verwandelte sich. Er neigte sich zurück und zog mich an sich. Dann hob er mich in die Luft empor, und wir schwebten über die höchsten Bäume, über das Meer, rund um den Erdball unter dem Mond ... bis wir wieder im Paradies standen."

Im zweiten Kapitel seiner Offenbarung schreibt Johannes: „Und er, der *überwindet* und meine Werke hält bis an das Ende, dem werde ich Macht geben über die Nationen ... und ich werde ihm den *Morgenstern* geben."

Die Illusion des sogenannten Bösen

Wir betrachten das Böse als eigenständiges intelligentes Gebilde. Dieser Irrglaube hat zu Furcht und Missverständnissen geführt. Bei dem sogenannten Bösen handelt es sich um eine falsch ausgerichtete Kraft oder Energie. Energie an sich ist *neutral* und kann von uns aufgrund unseres freien Willens in jede Richtung gelenkt werden. Nehmen wir die Atomkraft, entweder wir sprengen damit eine Stadt in die Luft oder wir versorgen sie mit Licht. Wir haben die Wahl. Falls die Urenergie des Universums die Erdebenen als reines Licht erreichte, ginge die Gabe des freien Willens verloren, da die Menschheit unweigerlich dem Licht folgen müsste. Aus diesem Grund erreicht uns diese Energie in völlig *neutrale*r Form und steht uns zur individuellen Verwendung zur Verfügung. Es liegt an uns, ob wir sie zum Positiven, Negativen oder einfach nur gleichgültig einsetzen.

Entscheidet man sich, diese Energie aus selbstsüchtigen Überlegungen heraus oder zu negativen Zwecken zu nutzen, wird man ihr ungewollt im Laufe der Zeit ein intelligentes „Eigenleben" einflößen, das die Gedanken und Handlungen zu dominieren beginnt, bis man im Extremfall seinen freien Willen aufgibt und zu ihrem Werkzeug, nicht zu ihrem Meister wird. Als Jesus die „Teufel“ aus den Besessenen trieb, „neutralisierte“ Er die Energie, indem Er sie der ihr verliehenen „Intelligenz“ beraubte und sie dadurch wieder ihre richtige Verwendung finden konnte. Jesu Worte: „Weiche von mir, Satan“ bezogen sich auf eine verkörperte Energie, der durch menschlichen Missbrauch ein scheinbar bösartiges intelligentes Eigenleben eingehaucht worden war. Das im Laufe der Zeitalter angehäufte falsche Denken und Handeln hat dazu geführt, dass sich in den unsichtbaren Welten, die uns umgeben, vorübergehend ein „Höllenzustand“ entwickeln konnte.

Einige Traditionalisten behaupten, jedes einzelne Wort unserer heiligen Schriften sei einzig und allein Gottes Wahrheit. In diesem Zusammenhang ist mit „Wort“ unsere Muttersprache gemeint, in die die Bibel aus dem Griechischen, Lateinischen und Hebräischen übersetzt wurde. Ihr Glaube basiert auf irgendeiner autorisierten, revidierten oder modernen Bibelübersetzung. Einen wesentlichen Punkt übersehen sie allerdings.

Die zahlreichen unterschiedlichen Interpretationen der Worte Jesu seitens Zuhörer und Übersetzer, die zunächst in griechischer und lateinischer Sprache niedergeschrieben wurden, haben dazu geführt, dass die in unsere Muttersprache übertragene Fassung keine genaue und eindeutige Wiedergabe dessen sein kANN, was Jesus vor zweitausend Jahren tatsächlich gesagt hat. Wir haben es allein der Gnade Gottes zu verdanken, dass uns Seine Lehre in einer Form weitergereicht wurde, die noch so viel Wahrheit und Erläuterung enthält. Jesus und andere große Lehrer haben das „Böse“ niemals als ein intelligentes und eigenständiges Wesen betrachtet, auch wenn viele Aussagen, die uns in entstellter Form überliefert wurden, dies zu bestätigen scheinen.

Im spirituellen und einzig wahren Sinne ist das Böse (und alle seine Werke) eine Illusion, die dem Missbrauch der Imagination entspringt. „Das, was ich am meisten gefürchtet, ist über mich gekommen“, rief Hiob. Seine Furcht war nichts anderes als ein Fantasiegebilde, bis er es schließlich in die Manifestation „gefürchtet" hatte. Man spreche niemals von einem „bösen Mann" oder einer „bösen Frau", sondern erkenne, dass die Energie nur in die falsche Richtung gelenkt wurde, ein Prozess, der früher oder später berichtigt werden kann, wenn der Kraft eine neue Richtung gewiesen wird. Dann verschwindet das sogenannte Böse, das immer nur vorübergehend im menschlichen Geist existiert. Das Böse zu entpersonifizieren bedeutet, den Kampf gegen seinen Anspruch, uns zu dominieren, bereits halb zu gewinnen. Das Böse ist menschliches Machwerk, nicht Gottes Schöpfung.

Gott schuf Sein Universum rein und vollkommen. Alles, was Er schuf, war und ist gut. Der Fall des Menschen in die unwirklichen Welten wird sich unserem Verständnis erschließen, sobald wir für diese Offenbarung bereit sind. Dies könnte die Rückkehr des Goldenen Zeitalters und das Verschwinden aller illusorischen Lebens- und Seinszustände einleiten.

Das höchste Geschenk des Schöpfers an den Menschen besteht in der Fähigkeit, seine unsagbare Liebe zu empfangen und zu erwidern. Diese Gabe stellt die letztendliche Rettung des Menschen sicher. Ohne sie würde sich das Leben als wertlos erweisen, und der freie Wille des Menschen könnte die Gefahr seiner endlosen Vernichtung bergen. Gott, der uns die höchste aller Gaben gewährte, kann uns ihrer niemals mehr berauben. Die Anerkennung dieser Wahrheit befreit unseren Geist von der erdrückenden Last des Glaubens an die Erbsünde. Hier und jetzt und jederzeit wollen wir uns unseres wunderbaren Erbes, jener Liebe, bewusst sein, die alles Verstehen übersteigt und in alle Ewigkeit unser wertvollster Besitz sein wird.

Kapitel XI

Zeiten der Drangsal

Viele Menschen sind sich über den Austragungsort und die Bedeutung des entscheidenden Kampfes dieses Zeitalters nicht im Klaren, häufig auch „Armageddon“ oder „Zeiten der Drangsal“ genannt.

Gewöhnlich wird die Tatsache übersehen, dass sich die Hauptarena, in der sich die Kräfte des Lichtes und der Finsternis messen, nicht im äußeren Lebens- und Seinsbereich liegt. Diese große Schlacht wird auf einer anderen Ebene ausgefochten werden. Was wir davon hier auf der Erde mitbekommen, sind nur die Widerspiegelungen und die Auswirkungen dieses ungeheuren Kampfes. Dies bedeutet nicht, dass wir an dem, was „anderswo“ geschieht, keinen Anteil haben. Im Gegenteil, jeder einzelne Gedanke, jedes Wort und jede Tat tragen dazu bei, die Waagschale in die eine oder andere Richtung zu neigen, da sich das Schlachtfeld auf der Mentalebene befindet, zu der unsere Gedanken- und Gefühlsprozesse Zugang haben.

Es ist uns nicht bekannt, auf welche Weise die Geschehnisse in den unsichtbaren Sphären um uns herum ihr Licht und ihren Schatten in das menschliche Bewusstsein werfen und zu Bedingungen führen, die äußere Ereignisse auf unserem Planeten unmittelbar beeinflussen. Mit dem Ineinandergreifen von Kräften verschiedener Lebens- und Seinsebenen wird sich die Wissenschaft der Zukunft befassen. Unter der göttlichen Vorsehung arbeitet das Gesetz von Ursache und Wirkung stets gerecht. Dies gilt nicht nur für Völker und Nationen, sondern für alles Leben im gesamten Universum.

Weder die Menschheit als Ganzes noch das Individuum können für sich alleine leben. Ich denke, dieses Prinzip lässt sich auf Erfahrungen und Geschehnisse, die sich weit jenseits der uns gegenwärtig einengenden Bedingungen von Zeit und Raum beziehen, ausdehnen.

Der lang anhaltende Kampf zwischen Licht und Dunkel oder „Gut" und „Böse", wie wir es nennen, ist so alt wie die Zeit. In unserem Zeitalter scheint er seinen Höhepunkt erreicht zu haben, das „Armageddon", das nach der Schrift am „Ende des Zeitalters" stattfinden soll. Was die zeitlichen und räumlichen Gegebenheiten betrifft, scheint es sich bereits seit 1914 auf unserem Planeten *auszuwirken* und wird wahrscheinlich noch ein halbes Jahrhundert fortdauern. Die Geschichtsschreibung wird zweifellos von drei akuten Phasen berichten, den Kriegen 1914-1918 und 1939-1945 sowie einer hoffentlich vergleichsweise kurzen Periode von 1958 an. Diese letzte Phase wird die kritischste und entscheidendste sein. Die Auswirkungen von „anderswo" stattfindenden Ereignissen auf unseren Planeten können im endlichen Sinne nicht genau gedeutet oder beurteilt werden. Ich möchte damit zum Ausdruck bringen, dass dieses „Armageddon", wie wir es in unserer Welt wahrnehmen, nicht in der Zukunft liegt, was manche glauben, sondern sich seit mindestens 1914 abspielt. Seine endgültigen Auswirkungen auf das Leben dieser Erde werden davon abhängen, wer in jenem unsichtbaren Kampf zwischen Licht und Dunkel als Sieger hervorgeht, und auch davon, wie wir Menschen auf den Kampf selbst und den Sieg reagieren werden.

Falls dies die richtige Einschätzung der Lage ist, sollte sich jeder Einzelne fragen, welchen Beitrag wir in demütiger Hingabe an Gott und jene erhabenen Wesen, die die Heerscharen des Lichtes führen, leisten können. Jeder von uns trägt in gewissem Sinne das gesamte Universum in sich; und für dieses Universum ist jeder Einzelne verantwortlich. Die Arena *unseres* Kampfes zwischen den lichten und dunklen Kräften liegt in Ihrem und in meinem Bewusstsein. Dieser Kampf ist Ihre und meine persönliche Angelegenheit. Unsere Lebensweise kann die Kraft des Lichtes reflektieren, oder wir können die dunklen Mächte unserer Natur die Oberhand gewinnen lassen. In diesem Kampf gibt es kein neutrales Sein. Sie und ich sind persönlich verantwortlich für den Ausgang dieses „Armageddon der Seele". Unsere begrenzte Auffassungsgabe ist nicht imstande zu berechnen, inwieweit unsere Gedanken und Handlungen den Kampf als Ganzes beeinflussen können. Eines allerdings wissen wir. Es liegt in Ihrer und in meiner Macht, durch unsere Gebete, unser Denken und Handeln die Heerscharen des Lichtes in einer Weise zu unterstützen, dass es sich durchaus entscheidend auszuwirken vermag. Andererseits liefern wir den dunklen Mächten Munition, wenn wir uns unseren selbstsüchtigen Wünschen, Bestrebungen und Sinnenfreuden hingeben. Damit nehmen wir dem Licht die Möglichkeit, sich durch uns zu reflektieren und kundzutun, was die Qual des Kampfes nur noch verstärkt. Jeder vermag dazu beizutragen, die Zeit der Drangsal zu verlängern oder zu verkürzen.

Bevor der gewaltige Kampf „auf höheren Ebenen" nicht ausgefochten ist und die Mächte des Lichtes gesiegt haben, woran wir fest glauben müssen, und ehe sich dieser Sieg nicht im menschlichen Bewusstsein widerspiegelt, wird es die Wiederkehr Christi unter uns nicht geben oder das Goldene Zeitalter anbrechen. In gewissem Sinne weilt Christus als der höchste Stellvertreter des Schöpfers stets in Herz und Geist des Menschen (falls er bereit ist, ihn zu empfangen). Seine aktive Manifestation in unserer Mitte hängt ebenfalls zwangsläufig von unserer Bereitschaft ab, die entsprechenden Bedingungen für Sein erfolgreiches Wirken zu schaffen. Es ist nicht Seine Aufgabe, in das Gesetz von Ursache und Wirkung einzugreifen.

An dieser Stelle möchte ich auf den „Tag des Gerichts", wie es in der Bibel heißt, eingehen. Bei jedem Übertritt von einer Daseinsebene auf die nächste steht uns ein „Tag des Gerichts" bevor, an dem wir Rechenschaft ablegen und uns zu unseren Schulden bekennen und sie begleichen müssen. Diese Wahrheit wird wohl von allen Religionen gelehrt.

Die Frage, ob es einen letzten Tag der Abrechnung für die gesamte Menschheit und jeden Einzelnen geben wird, entzieht sich unserem gegenwärtigen Wissen. Wahrscheinlich scheint jedoch zu sein, dass es im Individuellen wie im Leben von Nationen, Völkern und Planeten „Tage des Gerichts" gibt. Unser Wissen im Hinblick auf die Menschheitsgeschichte reicht nicht allzu weit zurück. Berichte von der „Sintflut" oder dem Untergang von Atlantis und Lemuria basieren auf Legenden. Stehen diese Ereignisse nicht in unmittelbarem Zusammenhang mit dem gerade angesprochenen Thema? Es ist durchaus möglich, dass sich im Rahmen der Weltgeschichte eine Akkumulation falschen Denkens und Handelns von Zeit zu Zeit in einer solch belastenden Weise auswirkt, dass ein gewaltiger Reinigungsprozess unvermeidlich wird, der dann einen Neubeginn ermöglicht. Vielleicht stehen uns bald derartige Ereignisse bevor.

In diesem Zusammenhang möchte ich die Worte von Bossuets erwähnen:

„Quand Dieu éfface, c`est qu`Il se prépare à écrire."

Wenn man sich eingehender mit den soeben geäußerten Gedanken befasst, sollte man daran denken, dass *„die Herrschaft auf Seinen Schultern ruht"*, gleichgültig was sich in der Welt der Illusionen, die uns umgibt, ereignen mag. Es liegt an uns, ob wir uns dem Schutz dieser Herrschaft anvertrauen und in unserem bescheidenen Rahmen ihre Gesetze und Gebote ausführen.

Im Laufe der Ereignisse kann es geschehen, dass wir die beiden großen Feinde, Angst und Depression, in unseren Geist einlassen. Verriegelt die Tore vor ihnen! Heißt stattdessen Vertrauen, Heiterkeit und Mut in eurem Geist willkommen. Öffnet weit die Tore, um diese drei Freunde zu empfangen und aufzunehmen und euren Frieden zu finden.

Die Sonne wird immer scheinen, gleichgültig wie finster die Wolken auch sein mögen, die ihr Licht scheinbar verdunkeln. Im Hinblick auf die Ewigkeit sind sie nur vorübergehend und substanzlos. Aus diesem Grund wollen wir danken!

KAPITEL XII

Autor und Verleger im Gespräch

Nach der Lektüre eines Teils der in diesem Buch veröffentlichten Texte fragte mich mein Verleger höflich, ob ich bereit sei, bestimmte Themen näher zu erläutern. Diese Anfrage verwunderte mich keineswegs. Ich war mir bewusst, dass vieles von dem, was ich geschrieben habe, dem mit diesen Themen nicht vertrauten Leser rätselhaft erscheinen muss, was nicht allein meine Schuld ist. Zahlreiche Begriffe entziehen sich der sprachlichen Erklärung. Mit unserem gegenwärtigen Wortschatz lassen sich kaum Gedanken ausdrücken und Gegebenheiten beschreiben, die außerhalb der materiellen Ebene liegen. Daher schlug ich vor, einige Fragen zusammenzustellen, die ich bereitwillig beantworten wollte.

Frage A: „Wie können Sie erwarten, dass man Ihren Behauptungen Glauben schenkt, ohne sie mit konkreten Beweisen zu untermauern?"

W. T. P.: „Ich hege keinerlei Erwartung. Wie bereits in meinen Darlegungen erwähnt, ist es unmöglich, sogenannte „konkrete" Beweise für innere Erfahrungen vorzubringen. Falls es dennoch gelänge, würde dies wohl kaum ausreichen, diejenigen, denen solche Erfahrungen fremd sind, zu überzeugen. Werden zukünftige Ereignisse vorausgesagt und treffen tatsächlich ein, ist der Beweis erbracht, obwohl selbst dann oft die Rede von einem Zufall ist.

Wahrscheinlich betreten wir diese Welt, um die Gegebenheiten, die wir vorfinden, bestmöglich zu nutzen. Es stellt sich die Frage, ob wir unsere Gedanken und Aktivitäten abschweifen lassen dürfen, indem wir uns mit „außerweltlichen“ Zuständen und Gegebenheiten befassen. Ich denke, wir sind nicht nur hier, um das Umfeld, in das wir hineingeboren wurden, bestmöglich zu nutzen, sondern auch, um uns zu bemühen, es zu verbessern. Falls uns das Studium der Metaphysik dabei hilft, umso besser. Natürlich besteht die Möglichkeit, dass es uns in ungebührlicher Weise von unseren alltäglichen Pflichten und Verantwortungen ablenkt. Falls man nicht fest mit beiden Beinen auf der Erde steht und die Vernunft wachsam bleibt, können mystische Erfahrungen das Leben aus dem Gleichgewicht werfen. Man sollte auf keinen Fall versuchen, seinen Wissensbereich durch künstliche Methoden zu erweitern. Solange die Menschheit noch nicht erwachsen ist, wäre es gefährlich, den Schleier vollständig zu lüften, der momentan unsere Gedanken- und Seinswelt von jenen Bewusstseinsebenen trennt, die wir beim „Tod“ betreten.

Außerdem ist zu bedenken, dass sich Weltprobleme und persönliche Schwierigkeiten nicht ausräumen lassen, wenn wir uns bei ihrer Lösung ausschließlich auf den Menschenverstand verlassen. Der intellektuelle Stolz weigert sich, dies zu glauben, was sich besonders in sozialen, wissenschaftlichen und politischen Kreisen bemerkbar macht. Menschen, die Regionen zu erkunden vermögen, die sich dem momentanen Kenntnisstand noch entziehen, sollten im Interesse der Allgemeinheit unterstützt werden. Ist es nicht bedauerlich, dass ihre Erfahrungen kurzerhand verworfen werden, nur weil sie übersinnlicher Natur sind?

Jeder Vorstoß in das Unbekannte birgt Gefahren, die erkannt werden müssen und vor denen man sich schützen sollte. Dennoch ist es wichtig, sie weiter zu erforschen.

Man hört oft den Einwand, ein Interesse an diesen Dingen sei krankhaft und unnatürlich. Falls die Kenntnisse, die ich aus meinen eigenen Erfahrungen gewonnen habe, zutreffen und wir auf der Erde unsichtbaren Einflüssen und Energien unterworfen sind, ob wir uns dessen bewusst sind oder nicht, erweist sich die Erkundung dieser „Grenzbereiche“ als sehr wesentlich. Zweifellos wird sich eine derartige Forschungsarbeit eines Tages zu einer Wissenschaft entwickeln, die zahlreiche bislang noch unbekannte und unerkannte kosmische Gesetze zum Zweck unserer Orientierung und unseres Schutzes herausarbeiten wird. In der Zwischenzeit sollte man die Pioniere auf diesem Gebiet nicht unnötig beunruhigen, indem man ihre Ziele und Motive kritisiert und missversteht.

In einem Punkt ist die heutige Zivilisation einem gewaltigen Irrtum unterlegen. Der Wert der Stille und des geistiges Training, das zur Ruhe und Aufnahmebereitschaft führt, werden nicht mehr anerkannt. Die Erziehung unserer Kinder basiert fast ausschließlich auf Geräuschen. Man lehrt sie, ihre Aufmerksamkeit auf das zu lenken, was sie sehen und hören. Zu Hause und in der Schule sind sie unaufhörlich von Lärm umgeben, verstärkt durch die mechanische Ablenkung von Radio, Fernsehen und Straßenlärm.

Die ungeheure Bedeutung der Stille als wesentlicher Bestandteil der Erziehung wird selten erkannt. Den Geist zur Ruhe zu bringen und die Gedanken zu kontrollieren, wird nicht vermittelt, was ernste Folgen nach sich zieht. Die Stille zu üben, kann heilend und erzieherisch wirken. Es ist an der Zeit, dies zu erkennen und Kindern und Erwachsenen nahezulegen. Die tägliche Einhaltung der Schweigeminute mag bereits ein erster Schritt sein. Die Quäker und zahlreiche östliche Sekten schöpfen ihre Kraft und Inspiration aus dieser tiefen inneren Stille, die Einsicht und Frieden gewährt."

Frage B: „Haben sich in „diesen Tagen" auf unserem Planeten Wesen inkarniert, die über der gegenwärtigen Evolutionsstufe stehen und zurückgekehrt sind, um uns im Rahmen der karmisch erlaubten Möglichkeiten oder des universellen Gesetzes zu führen?"

W. T. P.: „Es gibt Grund zu der Annahme, dass dies zutrifft. Die Tatsache, dass die Gegenwart solch hoch entwickelter Wesenheiten in unserer Mitte nicht allgemein bekannt ist, darf uns nicht unnötig beunruhigen. Sie wirken in der Stille, machtvoll und zielgerichtet. Sie sind erfüllt von einer selbstlosen Liebe für die Menschheit, einer Liebe, die unser Vorstellungsvermögen bei Weitem übersteigt. Näheres kann ich zu diesem Thema nicht sagen, da die Zeit noch nicht reif ist."

Frage C: „Kann es sein, dass die Jünger, die vor zweitausend Jahren mit unserem Herrn auf der Erde weilten, Ihn bei Seiner Wiederkunft erneut begleiten und bereits wieder inkarniert sind, um Ihm den Weg zu bereiten?"

W. T. P.: „Der Begriff „Wiederkunft" kann leicht eine falsche Vorstellung von einem Ereignis wecken, über das ohnehin große Unklarheit herrscht. Bei dem ewigen Christus-Geist handelt es sich nicht um ein Wesen, das „kommt und geht" oder unablässig von einer Lebens- und Seinsebene zur nächsten schreitet. Der „Christus" ist immer und überall gegenwärtig. Jeder vermag Seine Gegenwart zu erkennen und aufzunehmen, wenn er will, oder sie zurückweisen. Der Christus-Geist offenbarte sich in vollkommener Weise durch Jesus, als der Meister Sein Amt auf Erden ausübte. Derselbe Geist hat sich im Laufe der Menschheitsgeschichte auf verschiedene Art und in unterschiedlichem Maße in großen Meistern und Eingeweihten offenbart. Er wird sich auch weiterhin offenbaren. Sie und ich können ebenfalls zum bescheidenen Durchlassgefäß werden. Falls erforderlich und wenn der „Ruf" stark genug ist, wählt derselbe Christus die Menschengestalt eines ergebenen „Meisters", um durch ihn eine Botschaft zur Erleuchtung der Menschen zu verkünden, was vor allem im Zuge der Evolution auf diesem Planeten zu Beginn eines neuen „Zeitalters" geschieht.

Die Erwartung eines solch unmittelbar bevorstehenden Ereignisses findet man innerhalb und außerhalb der großen Glaubensbekenntnisse dieser Welt. Seher weisen darauf hin, dass „Wegbereiter" für dieses Kommen bereits unter uns weilen. Es mag durchaus sein, dass „treue Jünger" aus der Vergangenheit zu ihnen gehören. An anderer Stelle habe ich dieses Thema eingehender besprochen."

Frage D: „Welche speziellen Veränderungen werden sich bemerkbar machen, wenn die Erde in das Wassermann-Zeitalter eintritt? Wird sich die Schwingungsrate verändern?"

W. T. P.: „Eine Beschleunigung des menschlichen Wahrnehmungsvermögens zeichnet sich bereits ab, was sich nicht auf irgendeinen Glauben, einen Klasse oder ein Volk beschränkt. Der

Begriff „Schwingungsrate“ könnte zu Missverständnissen führen, da die Bezeichnung Schwingung vorwiegend in der Elektrizität und verwandten materiellen Bereichen Verwendung findet.

Der Lebens- und Gedankenrhythmus beginnt bereits, sich auf eine neue Grundnote einzustimmen, die der kommenden Entwicklung angepasst ist. Dieses Feld gestaltet sich ebenfalls zu vielschichtig, als dass man ihm mit einer flüchtigen Erwähnung gerecht werden könnte.

Dem ernsthaft Suchenden soll noch ein Hinweis gegeben werden. Eine göttliche Eigenschaft, die dem Menschen auf Erden bislang nicht zugänglich war, beginnt sich zu entfalten. Man könnte sie als „vereinten Strahl“ bezeichnen, die Vereinigung von Liebe und Weisheit. Dieser Strahl wird einen neuen Rhythmus im menschlichen Bewusstsein hervorrufen. In ihm wird sich die Botschaft für das kommende Zeitalter offenbaren. Es gibt noch kein Wort, das diese neue Eigenschaft beschreiben oder seine Attribute oder Auswirkungen definieren könnte. Der Begriff „neu“ bezieht sich lediglich darauf, dass es sich im Rahmen der Evolution auf diesem Planeten um einen neuen Aspekt für das Menschenbewusstsein handelt. Der Christus-Bote, von dem angenommen wird, dass er sich unserer Daseinsebene nähert, wird die Grundnote dieser Eigenschaft in ganz besonderer Weise anklingen lassen.“

Frage E: „Angeblich schließen sich viele Menschen überall auf der Welt in großen und kleinen Gruppen zusammen, um zu lernen, sich dem wohl bereits eingetretenen Wassermann-Zeitalter anzupassen. Könnte sich der „vereinte Strahl“ negativ auf die Gruppen auswirken, falls sie nicht richtig angeleitet und gelenkt werden? Gibt es ausreichend höher entwickelte Seelen auf unserem Planeten, Menschen, die in der Lage sind, auf einer solch hohen Bewusstseins- und Schwingungsebene als „Leuchtfeuer“ harmonisch zu wirken, um das Licht auf jene Suchenden auszustrahlen, die auf geistigem Gebiet weniger geschult und entwickelt sind? Vermag zu viel Licht jene zu blenden, die nicht daran gewöhnt sind?“

W. T. P.: „Der „vereinte Strahl“ wird einen reinigenden und ausgleichenden Einfluss auf das Bewusstsein des Menschen ausüben und ihm neue Erkenntnisse schenken. Der Läuterungsprozess mag als harte Prüfung empfunden werden, wird aber weder Schaden anrichten noch Depressionen auslösen. Die Verantwortung jener, die in allen menschlichen Tätigkeitsbereichen an maßgebender Stelle stehen, wird größer und weitreichender sein als in irgendeiner unserer früheren Evolutionsphasen. Da es sich bei der Offenbarung um eine persönliche innere Erfahrung handelt, sollte der Mensch dennoch nach innerer geistiger Führung suchen und sie nicht von außen erwarten.

Wenn sich in allen Lebensbereichen genügend Männer und Frauen guten Willens finden (ihre Anzahl steigt ständig), wird es auch genügend „Leuchtfeuer" geben. Den höheren Anforderungen entsprechend, werden ihre Zahl und ihr Einfluss wachsen.

Eingeweihte, Seher und „ältere Brüder" werden in physischer Gestalt und anderweitig für die Menschen tätig sein und als „Transformatoren" wirken.

Viele unter uns, die nicht zu dieser Gruppe gehören, wirken dennoch bereits in ihrem Sinne. In gewisser Weise können Bücher wie dieses als transformierende Kraft betrachtet werden. Die kosmische Energie hinter dem vereinten Strahl darf nicht ihrer eigenen Zielsetzung entgegenwirken, selbst wenn es dem flüchtigen Blick erscheinen mag, als seien Stoßtaktiken am Werk. Diese dienen dazu, den Schlafenden wachzurütteln und verschlossene Geister und Herzen zu öffnen.

In dem Kapitel „Zeiten der Drangsal" finden sich Hinweise, die zu einem besseren Verständnis beitragen mögen.

Der Christus des neuen Zeitalters wird jenen Strahl lenken und beherrschen. Der Erzengel Michael und seine Boten sind die „Wegbereiter". Jeder von uns kann dazu beitragen, ihre augenblickliche Mission zu erfüllen. Michael ist nicht nur der Bannerträger Christi. Seine Hauptaufgabe besteht zurzeit darin, die Energien des näher kommenden vereinten Strahls zu transformieren."

Frage F: „Bitte erklären Sie den Unterschied zwischen negativen und positiven Gedanken. Könnte ein dritter Weltkrieg das negative Denken in einem Maße vermehren, dass es einen kosmischen Aufruhr herbeiführt, dem wir machtlos gegenüberstehen und der zu einer erdgeschichtlichen Katastrophe führt?"

W. T. P.: „Bei den Bezeichnungen „negativ" und „positiv" handelt es sich um relative Begriffe. Was der eine als negatives Denken erachtet, mag für den anderen, von seiner Entwicklungsstufe aus gesehen, der positiven Denkweise am nächsten kommen. Kriege und alle aus unserer Sicht „katastrophalen" Ereignisse rufen negative und positive Gedanken und Handlungen hervor. Furcht, Depression und Sorge ziehen negative und entartete Einflüsse an. Eine Geisteshaltung, in der die Prinzipien der Liebe, des Dienens und der Selbstlosigkeit vorherrschen, werden Fortschritt und Aufstieg fördern. Die fortwährende Furcht vor Katastrophen, einem dritten Weltkrieg und ähnlichem Ungemach kann enormen Schaden anrichten, da sie Bedingungen schafft, die das Auftreten solcher Ereignisse unterstützt."

Frage G.: „Wie kann das Gebet dem Individuum helfen und kosmische Veränderungen und positive Ergebnisse bewirken?"

W. T. P.: „Dr. Alexis Carrel meinte einmal, das Gebet sei die unerschöpfliche Triebkraft, die das Universum in Bewegung hält. Die bewusste Hinwendung zu Gott in Gebet und Meditation öffnet die Tore, durch die Erleuchtung und Weisheit in das menschliche Bewusstsein fließen können. Diese Form des Gebetes ist selbstlos. Sie bittet die Gottheit nicht, die persönlichen und weltlichen Bedürfnisse zu befriedigen. Die Affirmation all dessen, was in Einklang mit Liebe und Schönheit und der Macht des Lichtes über die Finsternis steht, ein solches Gebet bekämpft die Auswirkungen negativen Denkens und Handelns am wirkungsvollsten. Jeder von uns ist ein Universum in sich selbst. Wenn wir innerhalb dieses Universums nach bestem Wissen denken und handeln, tragen wir dazu bei, im Bewusstsein der gesamten Menschheit einen Aufbruch zu erzeugen."

Frage H: „Können Sie Raum und Zeit im Hinblick auf die kosmischen Gesetze erklären und warum wir uns in unserem Denken und Handeln über Raum und Zeit erheben, also in die vierte Dimension vordringen sollen?"

W. T. P.: „Nur kurz auf diese Frage einzugehen, wäre wertlos. Wir können hier und jetzt unsere geistigen Fähigkeiten einsetzen, auch jenseits und außerhalb der zeitlichen und räumlichen Gegebenheiten zu wirken. Viele der in diesem Buch berichteten Ereignisse weisen darauf hin, dass der Mensch ohne das Gehirn außerhalb von Zeit und Raum tätig sein kann, da dieses die jenseits liegenden Vorgänge nicht klar zu registrieren weiß. Der Geist des Menschen ist nicht an die dreidimensionale Welt gebunden.

Wenn man sich bemüht, seinen Blick und seinen Geist empor zu richten, um für das Licht der Inspiration empfänglich zu werden, das stets darauf wartet, aufgenommen und genutzt zu werden, wirken wir in „Dimensionen", die weit über die Grenzen von Raum, Zeit und Materie hinausreichen.

Es mangelt an Worten, das Wirken der kosmischen Gesetze zu erklären. Bei der Offenbarung handelt es sich um ein persönliches geistiges und inneres Erleben."

Frage I: „In Ihrer Beschreibung eines Besuches in jenem Haus in Jerusalem, in dem das „Letzte Abendmahl" stattfand, sprechen Sie von zwei geistigen Fähigkeiten, die Sie den Teilnehmern und dem Beobachter zuordnen. Handelt es sich bei dieser Erfahrung um die Erinnerung an eine tatsächliche Begebenheit?"

W. T. P.: „In meinen Anmerkungen über die Dehnbarkeit der Zeit habe ich einige Aspekte dieser Frage angesprochen. Obwohl besagte Ereignisse in dem Augenblick, in dem ich sie erlebte, im Jahre 1959, stattzufinden schienen, bei denen ich selbst Teilnehmer und Beobachter zugleich war, muss ich dank des Erinnerungsvermögens Geschehnisse wiedererlebt haben, die sich in Wirklichkeit kurz vor der Kreuzigung, im ersten Jahrhundert unserer Zeitrechnung, abgespielt haben.

Einige Leser mögen annehmen, dass ich mich an Einzelheiten von Geschehnissen erinnerte, an denen ich in einem früheren Leben beteiligt war. Weitere Erklärungsmöglichkeiten gestalten sich zu kompliziert, um an dieser Stelle erörtert zu werden. Ich hoffe, zu einem späteren Zeitpunkt und nach weiteren Erforschungen, mehr zu diesem Thema sagen zu können."

Frage J: „Welche Wirkung wird der vereinte Strahl auf die orthodoxen Religionen ausüben?"

W. T. P.: „Es heißt: „Der Geist weht, wo er will." Seinen Atem wird man in Palästen, in Gefängnissen und in den ärmsten Hütten spüren. Der neue Energiestrom wird Kirchen, Synagogen, Moscheen und Tempel durchdringen. Keine menschlichen Barrieren werden ihn zurückhalten oder sich ihm auf Dauer widersetzen können. Die in zahlreichen religiösen Organisationen bereits spürbare Gärung kündigt die nahenden Ereignisse an. Die Zeit ist noch nicht gekommen, in der der Mensch auf religiöse Bräuche, Riten und feierliche Handlungen völlig verzichten kann. Die „Kirche", von der Jesus sprach, wartet darauf, allein im Heiligtum der Seele anerkannt zu werden.

Es besteht die Hoffnung, dass die Kirchen und Tempel jeder Glaubensrichtung beginnen werden, ihre Institutionen anzupassen und den jeweiligen Bedürfnissen der Menschen auf ihrer Pilgerreise zum Licht zu entsprechen. Alte Gefäße zu zerbrechen und neue zu formen, ist ein Prozess, der die Menschheitsgeschichte seit alters her durchzieht.

Es kann ein schmerzlicher Prozess sein, der sich zurzeit zu zeigen beginnt. Viele Menschen sind bestürzt und voller Sorge, unabhängig davon, ob sie ihre Religion ausüben oder sich Materialisten nennen.

Es gibt Anzeichen, die darauf hindeuten, dass sich die Kluft zwischen Wissenschaft und Religion allmählich schließt. Ich teile diese Annahme trotz der Tatsache, dass einige Exponenten der modernen Wissenschaft auch weiterhin einen Einfluss der Religion auf die Entwicklung des Menschen ausschließen, da sie wertlos sei. Der heutige Physiker hat die Materie bis zu ihrem Ursprung, der Urkraft oder Ur-Energie, zurückverfolgt. Der nächste Schritt wird sein, die Quelle und Ursache dieser Energie zu entdecken. Selbst ein mechanisch funktionierendes Universum wäre ohne die Bedienung durch den Mechaniker unvorstellbar. Wissenschaftliche und metaphysische Entdeckungen werden vor Ablauf dieses Jahrhunderts den Standpunkt der Materialisten in seinen Grundfesten erschüttern und unhaltbar machen.

Entdeckung und Offenbarung gehören zusammen und sollten nicht auseinandergerissen werden, da die eine von unten und die andere von oben arbeitet. Mit Eintritt in das heraufdämmernde Zeitalter wird der vereinte Strahl unter göttlicher Führung beide zum unschätzbaren Segen der Menschheit miteinander verschmelzen. Es gibt unzählige Möglichkeiten, in denen jeder von uns der Menschheit als Ganzes zu dienen vermag.

Die Entdeckungen des Menschen in allen Forschungsbereichen können ihm zur Gefahr werden, wird ihm nicht zugleich offenbart, sie richtig und gut zu nutzen. Mit anderen Worten, Verstand und Intuition müssen bei den Entdeckungen der materiellen Wissenschaft stets eine Einheit bilden und dürfen niemals voneinander getrennt werden."

Kapitel XIII

Chalice Well und das Abendmahl-Zimmer

Anfang 1959 wurde mir die Ehre zuteil, ein wundervolles Projekt in die Wege zu leiten. Das Chalice Well Anwesen in Glastonbury, Somerset, liegt an den Hängen von Chalice Hill, fast im Schatten des berühmten „Tor". Diese heilige Stätte, die sich seit Jahrhunderten in Privatbesitz befand, war für Besucher und Pilger kaum zugänglich.

In Zusammenarbeit mit einigen Freunden wurde der Besitz in eine Wohltätigkeits-Stiftung übertragen. Die Quelle, der Garten und das kleine Gästehaus St. Michael stehen jetzt allen offen, ungeachtet ihrer Hautfarbe, ihrer Klassenzugehörigkeit oder ihres Glaubens. Geschichten, Legenden und Überlieferungen ranken sich um diesen Ort und erfüllen ihn mit einem vielleicht einzigartigen Geheimnis. Auf Einzelheiten dieser Vergangenheit, die sich über mehr als zwei Jahrtausende erstreckt, soll an dieser Stelle nicht näher eingegangen werden.

Ihre Geschichte wurde bereits mehrfach in Büchern und Broschüren erzählt, die für jeden erhältlich sind, der sich für das keltische Christentum und das Eintreffen der christlichen Botschaft in Britannien, kaum fünfzig Jahre nach der Kreuzigung, interessiert. Das Geheimnis der Vorausschau habe ich in einem früheren Kapitel bereits angesprochen. Hier haben wir ein Beispiel. 1904 besuchte ich Glastonbury und Chalice Well zum ersten Mal. In jener Zeit gehörte Chalice Well einem katholischen Orden. Man erlaubte mir, die Quelle zu besuchen und von ihrem belebenden Heilwasser zu trinken. Ich durfte durch die umliegenden Gärten streifen und in dem angrenzenden Obstgarten weiter oben am Hang verweilen. Mich erfasste ein Gefühl von Heiligkeit und Inspiration, das mich seither niemals verlassen hat. Ich ahnte, dass dieser Ort eines Tages in meinen Besitz übergehen würde, um ihn allen zugänglich machen zu können, die an die Brüderlichkeit der Menschen und die Vaterschaft Gottes glaubten. Über ein halbes Jahrhundert verging, ehe sich diese Vorausschau erfüllte. Das Schicksal nimmt seltsame Wege!

Eine der eng mit Chalice Well verbundenen Legenden stammt aus frühchristlicher Zeit und ist niemals in Vergessenheit geraten. Sie erzählt von der Ankunft des Joseph von Arimathia (wohl ein Onkel unseres Herrn mütterlicherseits) einige Jahre nach der Himmelfahrt. Er soll mit einer Gruppe ergebener Jünger gekommen sein, um unserem Land die Botschaft Christi zu verkünden und sich hier niederzulassen.

Man nimmt an, dass Joseph den Kelch mitbrachte, der beim letzten Abendmahl benutzt wurde, und ihn zur Sicherheit in unmittelbarer Nähe der Quelle unterhalb des Chalice Hügels vergrub. Eines der ersten Bücher, das der Chalice Trust veröffentlichte, trägt den Titel *Das Abendmahl-Zimmer.* Es enthält eine Beschreibung dieses Kelches, den die Menschen seit dem Mittelalter mit der Mystik vom heiligen Gral verbinden.

Überall auf der Welt haben zahlreiche Leser die Botschaft dieses Büchleins aufgenommen. Ich freue mich, an dieser Stelle all jenen zu danken, die mir geschrieben haben.

Ich glaube, der Kelch oder die Schale ist dazu bestimmt, Symbol des herannahenden neuen Zeitalters zu werden, und hoffe, dass Chalice Well nochmals die hehre Aufgabe erfüllen darf, als Tor zu dienen, durch das die Offenbarung für die kommenden Zeiten fließen und über Britannien und die ganze Welt strahlen möge.

Ich bin überzeugt, dass das Volk unserer Insel erneut die Gelegenheit haben wird, die Menschheit aus ihrem gegenwärtigen Dunkel ins Licht zu führen.

Die Strahlen des Leuchtturms, den wir in uns selbst zu erbauen vermögen, können dazu bestimmt sein, in die fernsten Winkel dieser Erde zu leuchten.

Ich glaube fest daran, dass unsere Kinder und Kindeskinder in der Lage sein werden, diese Aufgabe zu übernehmen. Jene, die erkennen, sollten keine Zeit verlieren, sich auf ihre Bestimmung vorzubereiten, die ihnen in nicht allzu ferner Zukunft aufgetragen wird.

Chalice Well Trust
Chilkwell Street, Glastonbury, Somerset BA6 8DD, UK
Tel. 0044-1458-831154
Fax 0044-1458-835528
E-mail: info@chalicewell.org.uk
www.chalicewell.org.uk

Die von Wellesley Tudor Pole erwähnten Schriften sind inzwischen alle in deutscher Sprache erschienen:

ISBN 978-3-89427-271-5

ISBN 978-3-89427-172-5

ISBN 978-3-89427-259-3

ISBN 978-3-89427-184-8

Wellesley Tudor Pole